1. Auflage 2015
Herausgeber: ©Franz Kett – Verlag GSEB

Das Werk, einschließlich aller seiner Teile, ist urheberrechtlich geschützt. Jede Verwendung außerhalb der engen Grenzen des Urheberrechts bedarf der Zustimmung des Verlags. Das gilt insbesondere für Vervielfältigungen, Übersetzungen, Mikroverfilmungen und für die Einspeicherung und Verarbeitung in elektronischen Systemen.

Verlag und Vertrieb:
Franz Kett – Verlag GSEB, Irisstraße 4, 82194 Gröbenzell
Tel: (+49) 08142/ 3050928, Fax: (+49) 08142/ 3057296
e-mail: info@franzkett-verlag.de – homepage: www.franzkett-verlag.de

Umschlag u. Layout: Eva Muronova, PETRINUM s.r.o.
Notensatz: Tomas Boudal
Druck: Těšínské papírny, s.r.o., Český Těšín

ISBN 978-3-942445-19-1

Eva Muronova / Tomas C. Havel / Hanni Neubauer

GESPRÄCHE MIT
FRANZ KETT
ÜBER SEIN LEBEN UND SEINE PÄDAGOGIK

Franz Kett-Verlag GSEB

Vorwort

Als wir uns das erste Mal getroffen haben, um die Idee dieses Buches zu verwirklichen, waren wir zu viert und wir trafen uns insgesamt vier Mal. Inzwischen wechselten Frühling, Sommer, Herbst und Winter und der Text wurde reif, ähnlich den guten Früchten zur guten Zeit.

Das, was wir uns bemühen, in diesem Buch festzuhalten, ist die Lebensgeschichte eines Menschen mit dem Weg einer Pädagogik, die weit über die Grenzen Bayerns hinaus bekannt wurde. Franz Kett gilt als aufgeklärter und innovativer Pädagoge, dessen Gedanken die pädagogische Arbeit in vielen Bereichen inspirieren, vor allem in der elementaren Bildung.

Franz zu überzeugen, dass er diesem Interview, das fast zu einem Bilanzinterview geworden ist, zustimmt und auch seine Veröffentlichung genehmigt, war nicht einfach. Die Entscheidung „die eigene Haut zu Markte zu tragen", das eigene Nachdenken freizulegen und damit auch viele Irrtümer, Fehler und Zweifel, braucht Abstand, Weisheit und ein gewisses Mass an Humor.

Als die Entscheidung für dieses Buch zu wachsen begann – es könnte sein, dass es bei der Feier des 80. Geburtstages von Franz war – haben wir uns mit größter Verantwortung, mit Fleiß und Rücksicht auf diese Arbeit eingelassen. Wir haben uns mit Frau Hanni Neubauer abgesprochen, die eine langjährige Mitarbeiterin und Kollegin von Franz ist. Es sollte bei der Suche nach Themen und beim Interview selbst jemand dabei sein, der die Anfänge der pädagogischen Arbeit von Franz miterlebt hatte. Wir wollten nichts Wesentliches übersehen.

Das, was vor Ihnen liegt, ist Ergebnis einer zweijährigen Arbeit und wiederholten Nachdenkens.

Das Buch ist an einem einsamen Ort, mitten im südböhmischen Wald, in der Nähe von Pisek entstanden. Dank der Großzügigkeit von Familie Nemecek konnten wir ungestört zusammentreffen und die Antworten auf die Fragen und die darauf folgende Diskussion aufnehmen. Bei der Arbeit wurden wir von den Fröschen aus dem naheliegenden Teich begleitet und von zwei Buben, die ab und zu, manchmal auch mit ihrer Mutter oder mit dem Opa, vom gegenüberliegenden Ufer kamen und neugierig fragten, wie es uns bei der Arbeit geht.

So sind langsam aus der Niederschrift der Texte die Themen entstanden, die zu einzelnen Kapiteln wurden. Einige haben wir frei nach Tonaufnahmen bearbeitet. In den anderen Fällen – besonders, wenn es um sachliche und fachliche Reflexion ging – wurden die Antworten neu überlegt und formuliert. Es war dabei interessant, wie Franz an solchen Stellen hoch konzentriert war. Man hatte den Eindruck, als würde er die Sätze tief im eigenen Herzen lesen, bevor er sie ausspricht. Auch umgekehrt, wenn er zu erzählen begann, vergaß man die Zeit und durch seine Erzählungen konnten wir mit ihm die alten Erfahrungen miterleben, das Lächeln, die Freude und alle komischen Details eingeschlossen.

Der Leser erfährt also nicht nur von seiner tiefen Beziehung zum Vater oder von dem, wie er seiner Mutter fünf Pfennig aus ihrer Geldbörse entwendete, um sich ein Eis zu kaufen, oder wie er seinen Sohn lehrte, mit der Angst umzugehen, sondern auch vom Geheimnis eines erfüllten

Lebens, von dem, was Menschwerdung und Menschsein für ihn bedeutet, oder von der Weisheit der Märchen, der Bedeutung des Schauens und vielen anderen lebens- und liebenswerten Haltungen.

Das Buch wird wahrscheinlich all die Freunde von Franz Kett erfreuen, die bei verschiedenen Gelegenheiten, vor allem bei Kursen, ihm begegneten. Sie werden vieles aus seinem Leben erfahren, was sie wahrscheinlich noch nie gehört haben. Sie können sich auch an wichtige Prinzipien seiner pädagogischen Arbeit erinnern und einen Einblick in ihre Bedeutung gewinnen und manchmal die biographischen Zusammenhänge schauen. Es lohnt sich, aufmerksam zu lesen, auch die Passagen, die den natürlichen Fluss des gesprochenen Wortes durchbrechen, die aber dadurch vieles von einer Lebensphilosophie und Lebensweisheit kundtun.

So danken wir Franz ganz besonders, dass er sich auf dieses Interview einlassen konnte und uns sein Vertrauen schenkte, mit seinen Aussagen umzugehen, sie niederzuschreiben und zu veröffentlichen.

Mit anderen Worten gesagt, wir freuen uns, dabei sein zu dürfen. Und wenn es uns gelungen ist, auch für andere Generationen ein Stück seiner Einmaligkeit und Unwiederholbarkeit festzuhalten und diese erfahrbar zu machen, haben wir unser Ziel nicht verfehlt. Dies müssen aber Sie entscheiden, liebe Leserin und lieber Leser.

Eva Muronova
P. Tomas Cyril Havel CFSsS
Oktober 2015

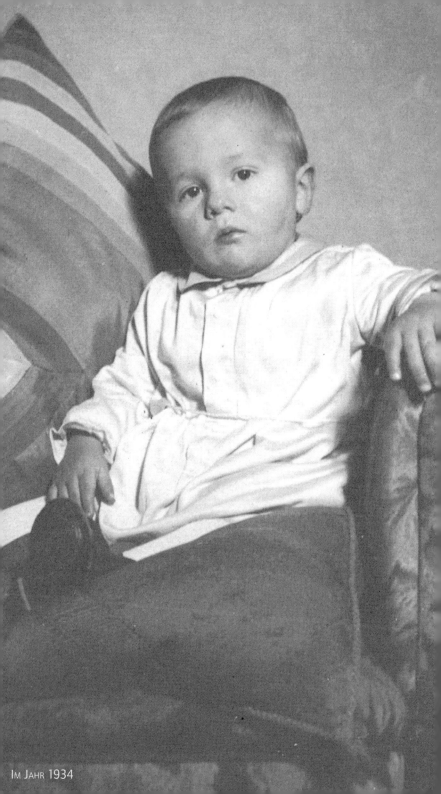

Im Jahr 1934

1.
Ich bin da

Ganzheitlich sinnorientiertes Erziehen und Bilden, ein reformpädagogisches Konzept, steht mit deinem Namen in Verbindung. Hinter deinem Namen verbirgt sich eine Lebensgeschichte, fangen wir damit an. Erzähle uns etwas von deinem Lebensanfang.

Ich werde Franz gerufen, von meiner Frau auch manchmal Francesco. Ich bekam den Namen, weil ich an einem fünften Oktober geboren wurde, einem Tag nach dem Festtag des heiligen Franz von Assisi. Außerdem trägt der Taufpate, mein Großvater, diesen Namen.

Wie stehst du zu deinem Namen?

Franz von Assisi ist mir von den Heiligen mit dem Namen Franz der liebste. Ich finde es wunderbar, ihn zum Patron zu haben. Er ist ein großartiges Vorbild.

Hättest du dir auch andere Namen vorstellen können?

Ich bin sehr zufrieden mit diesem Namen. Freilich könnte ich mir auch andere Namen vorstellen, beispielsweise Georg. Ich war ja dreißig Jahre lang Georgs-Pfadfinder, bis meine Frau mich dann vor die Entscheidung setzte, ob ich weiter der Pfadfinder bleiben wolle oder mich doch mehr der Familie zuwende. Der heilige Georg hat mir gut gefallen, weil er mit dem Drachen gekämpft hat. Der Drache ist in uns drinnen, in jedem Menschen. Von meinem Vater habe ich einen schönen Spruch in Erinnerung. Er sagte ihn, wenn ich unbeherrscht war und das war ich relativ oft: „Stark ist der Löwenbezwinger, stärker der Weltbezwinger, am stärksten, der sich selbst bezwingt." Der heilige Georg war so einer, der den inneren Drachen gut bezwingen konnte. Wenn er ihn in manchen Überlieferungen tötet, gefällt mir das nicht so gut; denn was täten wir ohne inneren Drachen, ohne Energiekräfte? Aber, ihn bezähmen, ihn im Zaume halten, finde ich gut.

Ich kann auch etwas zu Christopherus sagen. Christoph gefällt mir auch. Das ist eine Figur, die am Anfang ihres Lebens, in der Reifungszeit vom Jungen zum Mann, Urkräfte in sich wahrnahm. Opherus, der Ungebärdige wusste zunächst nicht so richtig, was er mit ihnen anfangen sollte und probierte verschiedene Wege, bis er darauf kam, ein Kind über den Fluss zu tragen. Dem Leben dienen, fand er als großartigen Lebenssinn. So wurde aus Opherus Christopherus.

Wie steht es jetzt nun mit deiner Nähe zu Franz?

Der Bruder Franz imponiert mir durch seine Gedanken der Geschwisterlichkeit mit allem und jedem. In der Pädagogik, die ich vertrete, ist diese Einheit mit der Schöpfung ein wesentlicher Gedanke. Mir imponiert der Bruder Franz auch durch die Armut, die er Schwester nannte und lebte, eine nicht naturbedingte Armut, sondern eine selbstgewählte. Sie ist eine Art Selbstbescheidung oder Bedürfnislosigkeit, nicht immer leicht zu bewerkstelligen, doch für unser christliches Leben wesentlich. Man braucht sie, um frei zu werden für ganz andere Dinge.

Ist eine Armut in diesem Sinne einem kleinen Kind bereits zuzumuten?

Ich denke schon, wenn es eine Fülle von Liebe erhält, wenn es in ein Staunen über eine Fülle von Möglichkeiten versetzt wird, die nicht in ein Habenmüssen von allem und jedem ausartet. Es sollte sich ein Blick auf das Lebensnotwendige entwickeln. Das geht einher mit Grenzsetzungen durch die Erziehungspersonen, die Eltern. Die Freude am

Sein, ohne alles haben zu müssen, gilt es zu lernen. Die Eltern sind dem Kind dafür Vorbilder.

Kannst du dich an eine Situation aus deiner Kindheit erinnern, wo du von deinen Eltern klare Grenzen bekommen hast?

Ja, also ich war wirklich sehr eigensinnig und eigenwillig und habe mich auch manchmal ungebührlich benommen. Ich legte mich mal auf die Straßenbahnschienen, weil ich etwas nicht bekommen hatte, was ich wollte, und mein Vater, der nahm mich dann, sah mich an und sagte: „Diesen Eigensinn müssen wir jetzt ein bisschen bezähmen und du kannst wählen, ob ich dir jetzt einen Hieb auf den Hintern gebe oder du eine Stunde lang ins Bett gehst." Ich entschied mich dann für den Hieb auf den Hintern.

War es für dich die erträglichere Lösung?

Vielleicht. Wichtig für mich war jedenfalls, dass mein Vater so großzügig war und mich die Strafe wählen ließ. In dieser Freistellung merkte ich, dass er mich sehr gerne mochte und dass es sein musste, was dann geschah. Ich gab ihm innerlich Recht. Ich hatte mich ja ungebührlich benommen.

Kannst du dich auch an ein Beispiel erinnern, wie du als Vater deinen eigenen Kindern Grenzen setzen musstest?

Ganz sicherlich. Ich habe bei meinem älteren Sohn eines Tages entdeckt, dass er Videofilme angesehen hat, die ihm seine Kameraden in der Ausbildungsstätte in der Lehre gegeben hatten. Diese Videofilme waren also schrecklich in dem Sinne, dass hier viele Grausamkeiten gezeigt wurden, wie Schüler mit Lehrern umgehen und umgekehrt, die Lehrer wieder mit ihren Schülern. Ich habe mich mit ihm in eine Ecke gesetzt und zusammen haben wir den Film angeschaut. Mir ist es übel und schlecht geworden.

Mein Sohn hat das bemerkt und er hat gesagt: „Papa, es tut mir leid, dass dir übel und schlecht geworden ist." Und ich fragte zurück: „Du, dir wird nicht übel und schlecht?" „Nein, ich bin etwas abgebrühter als du."
Es kam dann zu einem Gespräch, wie Filme dieser Art unsere Vorstellungen und inneren Bilder beeinflussen, in uns Aggressionen wecken und inwieweit das gut ist.
In einem anderen Fall habe ich selbst Grenzen überschritten. Eine meiner Töchter wollte nicht essen, was auf dem Tische stand. Ich schlug aus Verärgerung über dieses Verhalten die Türe zu. Es war eine Glastür. Das Glas zersplitterte. Da war Stille im Haus und die Tochter meinte: „Papa, ich zahle es schon." Ich musste dann dem Kind sagen: „Nein, das werde ich selber bezahlen. Ich habe mich ungebührlich dir gegenüber benommen und bin schuld, dass die Tür kaputt gegangen ist. Verzeihe mir! Du hast mir allerdings Anlass zum Ärger gegeben."

Grenzen setzen ist ein wichtiges Thema. Was ist zu machen, damit es das Kind nicht in seiner Freiheit ungebührlich beschränkt, sondern ihm zur Lebenshilfe wird?

Es ist schwierig, dem Kind in seinen Entscheidungen volle Freiheit zu geben, weil ein Kind oft die Folgen seiner Entscheidungen nicht einschätzen kann. Ich glaube, wir müssen ihm immer wieder aus Liebe Grenzen setzen. Etwa in dem Sinn, dass ich sage, so ist es jetzt und so bleibt es und so probierst du jetzt und so wird es gemacht. Die Begründungen, warum es so gemacht wird, versteht das Kind vielleicht noch gar nicht. So muss ich dem Kind, das die Begabung hat, ins Gymnasium zu gehen, aber lieber in der Volksschule oder in der Hauptschule bleiben will, als Vater sagen, das ist jetzt für dich der erste Schritt, das passt für dich. Es bleibt einem als Eltern oft nicht erspart, gegen den Willen der Kinder Entscheidungen zu setzen oder irgendwo Grenzen aufzubauen, Richtlinien oder Zukunftsperspektiven zu geben, die die Kinder noch nicht verstehen. Ein anderes Beispiel liegt in meiner Zeit als Lehrer an einer Gehörlosenschule. Ein Schüler warf in der Werkstunde Tonkügelchen auf die Klassenkameraden und auch an die Wand. Er musste am Ende der Stunde den Klassenraum reinigen. Ich ließ ihn dabei aber nicht allein. Ich kniete mich mit ihm auf den Boden und wir säuberten gemeinsam, wortlos den Raum.

Wir sind jetzt über den Franziskus schon in deine Pädagogik eingetreten. Gehen wir noch einmal zu deinen Anfängen zurück. Zu deiner Kindheit. Was kannst du noch von deinem Vater erzählen, außer, dass er dir Grenzen setzte?

Mein Vater war Frühwaise. Mit sieben Jahren hat er seinen Vater verloren und mit neun Jahren auch seine Mutter. Er wuchs bei seinem Onkel auf, hat nach seinem Abitur Volkswirtschaft studiert, wurde im Caritasverband der Erzdiözese München-Freising Caritassekretär und war vor allem für die wirtschaftliche Seite des Verbandes verantwortlich. Dieser Vater war für mich ein wunderbarer Mann. Als er 1948 mit achtundvierzig Jahren starb, war ich selbst erst fünfzehn Jahre alt. Ich war gerade vom Internat in die Weihnachtsferien nach Hause gekommen. Es war Winter, furchtbar kalt. Wir wohnten in unserem Wochenendhaus in Gröbenzell. Das Klo war außerhalb. Ich fror sehr. Vater hat mir noch eine Decke gebracht und hat mich damit liebevoll eingehüllt. Das ist eigentlich die letzte Erinnerung, die ich so von ihm habe. Am nächsten Tag ist er gestorben. Diese Erinnerung berührt mich noch heute. So war mein Vater, ein ganz gütiger Mensch.

Das spüre ich aus deinen Worten.

Ich muss noch weiteres von ihm erzählen. Unser Wochenendhäuschen stand in einem großen Garten mit vielen Bäumen. Ich erinnere mich an den Kuckuck, der gerufen hat. Ich erinnere mich an den Ruf der Turteltauben am Morgen, wenn wir aufgewacht sind. Ich erinnere mich an den Flieder, der duftete im Frühling ganz intensiv. Und ich erinnere mich besonders an die Gartenarbeit meines Vaters, an der ich teilhaben durfte. Er lehrte mich, die Rillen zu ziehen und Samen zu säen, auch Verantwortung zu tragen, zu gießen und zu warten, bis etwas gewachsen war. Und wenn dann der Schnittlauch aufs Butterbrot kam, war es etwas ganz Köstliches und die ersten selbst gezogenen Tomaten schmeckten wunderbar. Das war so in meiner Kindheit bis zum zehnten Lebensjahr und das war schön. Wir bauten uns Wigwams und spielten Indianer und mein Vater ließ sich zum Leidwesen meiner Schwester von uns zwei Jungen, meinem Bruder und mir, sogar gefangen nehmen und an einen Baum binden. Es berührt mich schon irgendwo bis heute noch, dass der große Vater sich von uns Jungen an den Baum binden ließ. Und so war es eigentlich eine einmalige Kindheit in der Familie und in Verbundenheit mit der Natur. Vielleicht wurde da eine Seite in mir geweckt, die mich mein ganzes Leben lang begleitet, eine Seite, die auch dem Bruder Franziskus zu eigen war, die Liebe zur Mutter Erde.

Und die Mutter?

Die Mutter war Lehrerin gewesen. Als sie Vater geheiratet hat, musste sie den Lehrerberuf aufgeben. So war es zu dieser Zeit üblich. Ja, die Mutter war eine Frau, die uns Kindern gute Manieren beigebracht hat. Das war ihr wichtig. Sie tat's aber mit Liebe. Aber sie war es auch gewöhnt, wahrscheinlich aus ihrer Lehrerinnenzeit, einen Tatzenstock zu benützen. Den mussten wir manchmal aus dem Garten vom Weidenbaum selber besorgen. Dann haben wir so einiges auf die Hände bekommen für unsere Untaten. Nach dem Tod unseres Vaters hat sie „ihren Mann" gestanden und für uns Kinder mit Selbstlosigkeit und Hingabe gesorgt.

Und du hast zwei oder drei Geschwister?

Zwei – einen Bruder, zwei Jahre jünger und eine Schwester, nochmal zwei Jahre jünger. Meine Mutter war schon

AUGUST UND AUGUSTE KETT MIT KINDERN FRANZ, ANTON UND CORNELIA

relativ alt, als wir Kinder gekommen sind. Sie war fünfunddreißig als ich geboren wurde, siebenunddreißig bei meinem Bruder und neununddreißig bei meiner Schwester.

Auf welche Art und Weise hast du gespürt, dass deine Eltern froh über dich waren?

Ich denke, das war einfach die Grundatmosphäre in unserem Zuhause, in unserer Familie, dass wir als Kinder angenommen waren und dies spürten, auch bei unseren Großeltern, die im Stock über uns wohnten. Es war ein zweistöckiges Familienhaus in München. Wir wurden einfach von Herzen gern gemocht. Dieses Empfinden wurde nie enttäuscht. Ich hatte so eine glückliche Kindheit. Der heilige Bruder Konrad von Parzham, an einem Eck unseres Hauses in Stein gemeißelt, war unser Hauspatron.

Wie hat man bei euch Geburtstag gefeiert?

Bei uns wurde nie so sehr Geburtstag gefeiert, sondern, wie es im katholischen Bayern üblich ist, der Namenstag, bei mir der vierte Oktober, das Fest des Heiligen Franziskus. Von Geschenken weiß ich nichts mehr. Das war anders bei den Festtagen wie Sankt Nikolaus und Weihnachten. Zum Nikolaus kam immer eine Ordensschwester, die bei meinem Vater im Caritasverband angestellt war, Schwester Melanie. Sie kam schon als Heiliger verkleidet in das Wohnzimmer. Einmal habe ich sie an ihren Schuhen erkannt und gesagt: „Du bist doch die Schwester Melanie."
Da hatte die Feier etwas an Glanz verloren.

Und Weihnachten?

An Weihnachten gab es die wunderschöne Weihnachtsstube. Einmal, ich war etwa fünf Jahre alt, guckte ich in meiner Neugierde vor der Bescherung durch das Schlüsselloch und entdeckte neben vielen Geschenken das Christkind. Es hatte ein weißes Gewand, saß unter dem Tisch und leuchtete. Meine Mutter fand das ungebührlich, dass ich durch das Schlüsselloch guckte und dazu noch das Christkind sah. Ich musste zur Strafe eine Stunde ins Bett. Mutter konnte so ohne Stress ihre Weihnachtsvorbereitungen zu Ende führen.
Ich habe später oft auf Erzieherinnenfortbildungen von diesem Erlebnis erzählt, um klar zu machen, dass Kinder über Personifizierungen sich bestimmte Atmosphären erklären, ihnen eine Deutung geben.
Wir überwanden als Kinder unsere Ängste mit dem Lied: „Fürchtet ihr den schwarzen Mann? Nein, nein, nein! Wenn er aber kommt, dann laufen wir davon." Das Christkind ist die personhafte Verdichtung all der guten Absichten, Bemühungen, der Liebe, mit denen das Weihnachtsfest vorbereitet wird. Somit gibt es das Christkind tatsächlich.

Und wie feierst du jetzt mit deinen Enkeln Weihnachten? Was ist da für dich wichtig?

Also, da gibt es bei uns ein festes Ritual. Am zweiten Weihnachtsfeiertag treffen sich unsere Kinder mit Enkelkindern in unserem Hause. Die Feier beginnt in der Diele bei einer großen Krippe. Ich erzähle die Weihnachtsgeschichte, das alte Geheimnis in unterschiedlichen Variationen und das ist mir sehr, sehr wichtig. Ich staune immer, wie sie alle ruhig werden. Einmal hatte Tobias – das ist unser ältester Enkel – die Mütze auf dem Kopf. Es war die Zeit, in der er die Mütze Tag und Nacht trug. Da geschah etwas Seltsames. Als ich erzählte, wie die Könige sich vor dem Kind verneigten und ihre Kronen vor dem Kind ablegten, hat er plötzlich seine Mütze vom Kopf genommen und sie vor der Krippe niedergelegt.

Enkel: Magdalena, Emma, Amelia, Michael, Jonas und Lennart

Praktizierst du noch weitere Rituale in deiner Familie?

Oft sind einzelne Enkelkinder bei uns nach der Schule zu Gast. Meine Frau hat ihnen ein Mittagessen bereitet. Wenn wir uns an den Tisch setzen, ist es Gewohnheit, dass wir an die Menschen denken, die Hunger leiden, dass wir danken für das tägliche Brot, dass wir Gott bitten, dass er

uns bereit macht, das, was wir haben, auch zu teilen. Eines Tages bat ich unsere jüngste Enkeltochter Emma, ein Gebet zu sprechen. Sie betete: „Piep, piep, piep, wir haben uns alle lieb. Ein jeder esse, was er kann, nur nicht seinen Nebenmann." Auf meinen Einwand, das sei doch kein Gebet, wo der liebe Gott vorkommt, belehrte sie mich: „Aber Opa, wenn wir uns lieb haben, ist der liebe Gott bei uns."
Noch eine Geschichte von Emma. Sie geht in die zweite Klasse und ist ein sehr sensibles und feines Kind. Eines Tages kommt sie und sagt, dass sie nicht mehr in den Religionsunterricht gehen wolle. So war sie eine Zeitlang immer freitags zu Hause bei meiner Frau. Wenn ich auch daheim war, gab ich ihr Religionsunterricht und erzählte ihr von meiner Israelreise, vom See Genezareth, wo und wie Jesus dort gewirkt hat. Einmal erzählte ich ihr, wie Jesus in die Stille ging, um zu beten und wie er dann die Jünger das Gebet, das Vaterunser, lehrte. Wir beteten darauf hin das Gebet gemeinsam, verbunden mit Gesten. Das hat ihr so imponiert, dass sie sagte: „Opa du kannst so wunderschön erzählen! Ich glaube, Jesus ist etwas ganz Besonderes. Ich fühle mich ihm jetzt ganz nahe."

Welchen Sinn misst du dem Feiern überhaupt zu?

Ich denke, um feiern zu können, muss man das Leben lieben. Es muss einem Freude bereiten, da zu sein, gleichsam nach dem Motto der Dichterin Ingeborg Bachmann: „Nichts Schöneres unter der Sonne, als unter der Sonne zu sein." Also, es gilt, Lebensfreude im Herzen zu entdecken, Grundvertrauen ins Leben zu wecken. Nicht im Sinne von „Friede, Freude, Eierkuchen". Das Leben ist oft nicht leicht, aber es ist gut, dass man ist. Man muss für jeden Tag, den man leben darf, dankbar sein. Dann gibt es immer wieder Anlässe, wo man diese Dankbarkeit ritualisiert und feiert: Ein Geburtstag, Namenstag, ein Erinnerungstag an ein gemeinsames Erleben, ob es die Verlobung oder Verheiratung ist. Durch das Feiern bekommt das Leben einen besonderen Glanz. Es wird ein Stück herausgehoben aus dem Alltäglichen und in seiner Bedeutsamkeit auch wahrgenommen. Das wiederum führt dazu, dass man sich selber besser wahrnimmt und wertschätzt.

Die Lebensfreude ist in deiner Pädagogik sehr wichtig. Diese positive Einstellung ist aber auch Kritikpunkt. Manche sagen: „Das Ganze ist uns zu happy!"

An Lebensfreude kann es nie zu viel geben. Es gilt, sie immer noch zu steigern. Das Leben ist ein Fest, heißt es in einem Lied. Es ist ein Geschenk. Es ist eine Gabe, wie gesagt, nicht leicht, aber doch großartig. Ich glaube, dass diese Grundhaltung bei mir mit der positiven Lebenseinstellung meiner Eltern zu tun hat und auch mit der Annahme, die ich durch sie erfahren habe.
Als meine Mutter mich empfing, hat sie ein grundsätzliches Ja zu meinem Dasein gesprochen. Sie war bereit, mir Raum zu geben, in ihrem Leib und in ihrem Leben. Ich habe sie meinerseits in gute Hoffnung gebracht. Das Ja zum Leben, das die Mutter grundsätzlich gegeben hat, bedarf der Stärkung. Wir versuchen in unserer Pädagogik Kinder immer wieder an ihren positiven Anfang zu erinnern und zeigen ihnen in vielschichtiger Weise, dass Leben eine Gabe, ein Geschenk ist, eine Aufgabe auch, die es ein Leben lang zu bewältigen gilt. Wir versuchen, dem Kind in dieser Stärkung seiner Persönlichkeit noch einmal zu einer Art Geburt zu verhelfen, zur Geburt eines sich selbst wertschätzenden und sich selbst akzeptierenden Menschenkindes. Also noch einmal, die Lebensfreude ist nie genug und der Lebensdurst ist auch nie genug. Der Mensch hat Durst nach Leben, nach Lebenserfahrungen und Lebendigkeit. Das alles darf man nicht verschütten.

Aber es gibt viele Menschen, die geringe oder keine Lebensfreude empfinden.

Ja, so ist es. Mir tun diese Menschen sehr leid. Da ist etwas schief gelaufen. Vielleicht wurden an einen als Kind zu viele Erwartungen gerichtet. Vielleicht waren es schwere

Lebensumstände, zerrüttete Familienverhältnisse, Krieg, Flucht. So wurde eine, in jedem Kind grundgelegte Eigenschaft, die Freude am Dasein und die Neugier aufs Leben geschmälert, wenn nicht zerstört. Hier bedarf es der Hilfe von außen.

Du erzählst von dir immer von einer schönen Kindheit. Gab es aber auch Zeiten, wo dir ein Ja zum Leben nicht leicht fiel, dir es an Lebensfreude mangelte?

Dass Leben schwer sein kann, habe ich mehr in der Pubertät erlebt und nicht in der Kindheit. Meine Pubertätszeit war mit einem Fernsein von der Familie verbunden. Ich besuchte acht Jahre ein Knabenseminar, in dem man vorbereitet wurde, einmal Theologie zu studieren und Pfarrer zu werden. Da kamen hohe Ansprüche auf einen zu. Ich wollte ihnen mehr als hundertprozentig gerecht werden. Da bin ich an meine Grenze gestoßen und das war schlimm.

Wie kamst du mit diesen Problemen schließlich zurecht?

Das Leben ist komplex. Es gibt keine einfachen Lösungen. Aber, vielleicht mag ein Beispiel zur Klärung beitragen. Ich wurde im Internat dazu gedrängt, der marianischen Schülerkongregation beizutreten. Der Festtag der Kongregation war der 8. Dezember, das Fest der unbefleckten Empfängnis Mariens, also, dass Maria, ohne mit der Erbsünde behaftet zu sein, empfangen hat. Es hat da auch eine besondere Nachspeise gegeben. Unsere Festtage wurden immer durch die Qualität der Nachspeisen eingestuft. Demnach war der 8. Dezember einer der höchsten. Reale Frauen wurden uns, abgesehen von den Klosterschwestern, die für uns sorgten, ferngehalten. Wir hatten dafür die Jungfrau Maria. Der heilige Aloisius war auch noch wichtig für uns. Sie waren sehr idealisierte Vorbilder und fast eine Überforderung. Um nicht auffällig zu werden, trat ich der marianischen Kongregation bei. In den Ferien war ich dann Pfadfinder. Das war mein Ausgleich und da kam ich runter. Ich kam plötzlich in die Realität zurück. Die Natur, das Zelten, das Kochen am Lagerfeuer, die Nachtwanderungen waren die Formen, die mich geerdet haben. Die Himmelung im Internat wurde durch die Erdung bei den Pfadfindern kompensiert. Diese Erfahrungen haben dann auch in meinen pädagogischen Überlegungen Anklang gefunden. Es gilt, die Balance zu finden zwischen Oben und Unten, zwischen Geist, Seele und Leib. Und damit sagt man Ja zu sich selbst.

Kannst du aus deinen geschilderten Erfahrungen einen Rat geben zur religiösen Erziehung in der Familie?

Voraussetzung ist sicher eine gesunde religiöse Einstellung der Eltern. Sie äußert sich im Bedenken täglicher Lebenserfahrungen und letztlich in ihrer Deutung auf einen gütigen und barmherzigen Gott. Dabei spielt das Gebet eine wichtige Rolle. Ich versuchte in meiner Familie, vor allem am Abend, eine Rückbesinnung auf den Tag und dabei standen nicht so sehr Fehler im Vordergrund, sondern das, was denn heute gut war, was mir heute Freude gemacht hat, wo ich anderen Freude bereitet habe.

Da erinnere ich mich wieder an eine Situation, in der ich bei den Kindern am Bett saß, um mit ihnen Rückschau zu halten. Eines meiner Kinder erklärte, wie es der Mutter geholfen habe, ein anderes, wo es eine kleine Maus gerettet habe, die im Garten herumlief. Das Kind erklärte mir: „Die kleine Maus hat ihre Mama verloren. Ich habe sie ganz lieb angeschaut, so wie der liebe Gott uns anschaut, ja, das habe ich heute gemacht." Bei den Überlegungen, was denn nicht so gut gelaufen ist, erklärte mir mein Sohn Matthias eines Tages: „Ich habe der Tante Nella eine Blechbüchse unter das Auto gebunden, damit sie erschrickt, wenn sie losfährt. Sie hat mich nämlich heute nicht in ihr Haus gelassen. Papa, ich muss die Blechbüchse wieder entfernen, sonst fährt die Tante an einen Baum." Wir gingen beide, um das Übel zu beheben und waren damit in Frieden. Es ist gut, wenn man Kinder zu derartigem Nachdenken anleitet und Freude über Gelungenes und Einsicht in Misslungenes vor Gott stellt.

Der sonntägliche Gottesdienstbesuch mit den Eltern ist von Bedeutung, um einfach in Berührung mit religiösen Vorstellungen, Haltungen und Ritualen zu kommen. Man kann ja auch nur etwas wertschätzen, was man erlebt hat. Mit dem Älterwerden ist immer mehr die Freiheit zur eigenen Entscheidung zu respektieren.

Dabei spielt sicherlich das elterliche Vorbild eine Rolle?

Ganz gewiss. So spürte ich meinen Vater als Menschen, der nach meinem heutigen Nachempfinden in etwas ganz Tiefes eingebunden war. Als ich fünf Jahre alt war, bin ich mit ihm eines Tages in die Frauenkirche in München gegangen. Es war ein Pontifikalamt. Die Solopartien einer Mozartmesse klangen in meinen kindlichen Ohren schrecklich. Doch da war neben mir der Vater, auf den Knien, die Hände gefaltet, ganz tief in sich versunken. Dieses Bild steht mir bis heute lebendig vor Augen. Und dazu kam noch seine soziale Ader. Er war im Raffaelsverein tätig und hatte vor dem Krieg, solange es möglich war, christlichen Juden zur Auswanderung verholfen. Nach dem Krieg saß er mit Obdachlosen und Flüchtlingen im Saal des Caritashauses, um als Caritasdirektor mit ihnen gemeinsam die Suppe zu essen. Alle diese Zeugnisse leisteten sicher zu meinem eigenen Werden einen wichtigen Beitrag.

Vorbilder sind aber nicht bloß Eltern?

Ich gehe jetzt einmal auf den Begriff Vorbild ein. Ganz wörtlich genommen ist ein Bild, das ich vor mir habe, eine Vorbildgestalt. So kann ein Reifen, den ich in einer Gruppe vor Kindern ablege, sowohl das Muster, wie auch die Motivation abgeben, sich mit den Stühlen im Kreis einzufinden und miteinander in Verbindung zu kommen. In diesem Sinne sind wir alle füreinander Vorbildgestalten in guter wie auch in nicht so guter Weise. Jetzt komme ich wieder zu meinem Pfadfinderleben zurück. Lord Baden-Powell, der Gründer der Pfadfinder, gab die Losung zur täglichen guten Tat aus. Ich bin ihm für diesen Einfall dankbar. In meiner abendlichen Gewissensforschung war die gute Tat ein wesentlicher Bestandteil. Es war kein Tag gelungen, wenn ich nicht eine gute Tat vollbracht hatte. Das hat einen mit der Zeit geformt.

Vorbilder im religiösen Sinn sind für uns Christen die Heiligen. Von Sankt Georg, Christopherus, Franziskus haben wir schon geredet. Alle diese Gestalten, die heilige Elisabeth von Thüringen, eine Mutter Theresa, ein Don Bosco hatten wiederum Jesus zum Vorbild. In diesem Sinne, glaube ich, ist es dumm, das Martinsfest durch eine Halloweenfeier zu ersetzen.

Wie steht es dann mit der Freiheit? Besteht nicht eine Gefahr einer Vorbilderimitation?

Ich möchte ein Beispiel geben. Mein Sohn Stephan, fünf Jahre alt, sollte Bier aus dem Keller holen. Er traute sich nicht in den Keller. Ich ging mit ihm, um ihm zu zeigen, dass da eigentlich kein Grund zur Angst sei. Wir schauten in sämtliche Kellerräume. Wir machten die Kisten und Kästen auf. Es war nichts von einem schwarzen Mann zu sehen. Als wir dann wieder oben waren, sagte ich: „Aber jetzt traust du dich alleine, mir eine Flasche Bier zu holen. Ich habe vergessen, sie mitzunehmen." Er antwortete: „Papa, ich habe solche Angst!" „Wir waren gerade unten, du brauchst jetzt nicht Angst zu haben, es gibt keinen Grund dafür." „Ich habe Angst." „So", sagte ich, „ich erzähle dir eine Geschichte." Ich schilderte ihm, wie Sankt Georg mit dem Drachen gekämpft und ihn bezähmt hat. Und dann: „Jetzt wirst du mal der Ritter Georg sein." Stephan ist schnell in den Keller gegangen und war noch schneller mit einer Flasche wieder da. Die Gestalt des Ritters Georg hat in ihm eine Haltung geweckt, die als Möglichkeit bereits in ihm vorhanden war. Es brauchte nur einen Anstoß dazu, der kam allerdings von außen.

In ähnlicher Weise arbeiten Märchen. In ihren Gestalten finden wir uns selbst wieder, werden Einstellungen gestärkt, die uns das Leben zu bewältigen helfen.

In diesem Sinne könnte alles Vorbild sein?
Wenn ich mein Leben von der Zeugung an über die Geburt bis zum Tod betrachte, bin ich unentwegt dabei, Mensch zu werden. Für dieses Werden gibt es Orientierungshilfen. Diese findet man in der Natur. Die Natur sagt mir etwas vom Werden, Wachsen, Blühen, Reifen, Fruchtbringen. Das Weizenkorn erzählt mir, dass etwas vergehen muss, damit es Frucht bringt, dass es gemahlen werden muss, damit es Brot wird. Und so gibt es überall Bilder, die vor mir sind und die mir zu einer Lebensorientierung verhelfen.
Es bedarf allerdings dazu eines Wahrnehmens, eines Blicks. Ich verstehe Erziehung und Bildung als Hilfestellung, um zu dieser Art des Schauens zu gelangen. Wir haben in unserer Pädagogik den Begriff der Anschauung. Damit meinen wir eine methodisch, didaktisch geplante Einheit, in der die Kinder die Wirklichkeit auch in ihrer Vorbildhaftigkeit für das eigene Leben sehen lernen.

Du gebrauchst den Begriff Schauen. Wie unterscheidet sich Schauen vom Wahrnehmen?
Wahrnehmen ist für mich ein Feststellen von Gegebenheiten. Es wird vielfach von Neugierde und Interessen eingeleitet und begleitet. Schauen ist weniger mit Intentionen befrachtet. Im Schauen spricht mich etwas an. Es ist ein dialogischer Prozess. Meine Aktivität besteht darin, mich anmuten zu lassen. Ich trete in Korrespondenz. Ich bin Empfangender und Gebender. In der bayrischen Sprache heißt es: „Schau ma amal." Es wird damit ein Abwarten gemeint, was da herauskommt, sich entwickelt. Im Schauen offenbart sich oft Wesentliches, Hintergründiges. Um schauen zu können, bedarf es bei Kindern einer Anleitung.

Das ist eine interessante Sichtweise. Könntest du noch mehr dazu sagen, wie sich diese Perspektive bei dir entwickelt hat?

Ich glaube, eine Grundvoraussetzung ist eine gewisse Offenheit zu allem, was einen umgibt, eine Art auch von Unvoreingenommenheit. Sie steht im Gegensatz zu Festlegungen, die einem von außen vorgegeben werden. Wenn ich als Lehrer eine Klasse übernommen habe, habe ich nie in die Akten gesehen, die meine Vorgänger über die Schüler angelegt hatten. Wenn ich dann selber am Schuljahrsende die Akten zu ergänzen hatte, spürte ich, wie meine Unvoreingenommenheit den Kindern es ermöglichte, den ihnen zugepassten Rahmen zu sprengen, sich neu zu zeigen. Ein Vorschuss an Vertrauen und Wohlwollen, die Zumutung, du schaffst es schon, du kannst es schon, wirkte vielfach Wunder. Ich habe als Lehrer eine Art Hebammenfunktion. Ich hole heraus, was im Schüler steckt.

Das Besondere deiner Begabung ist einfach, dass du aus den Menschen herausholst, was in ihnen steckt. So konnte doch vieles entstehen und so kam es zu unserer Zusammenarbeit mit dir.

Ja, das stimmt. Einige Male habe ich mich auch getäuscht, oder sagen wir, nicht getäuscht, sondern das Vertrauen wurde missbraucht. Die positiven Erfahrungen überwiegen aber bei weitem die negativen.

Du hast bei vielen solche Hebammenfunktion geleistet.

Ja, ich glaube, dies ist mein Talent. Das ist es, was mir der liebe Gott geschenkt hat.

Kannst du etwas zur religiösen Seite dieser Perspektive sagen?

Schauen ist, wie gesagt, ein dialogischer Prozess. Ich nehme das Leben, das in allem steckt, mit allen Sinnen wahr. Leben ist eine Melodie, religiös gesehen die Melodie

Gottes in dir, in mir, in einem Vogel, einem Baum, einer Blume, einem Stein. Ich versuche, dieser Melodie zu lauschen, ja sie mitzusingen. Ich trete mit jemandem oder mit etwas in Korrespondenz, lasse mich von den tausend Akten der Lebensäußerungen des Gegenübers berühren. Was da zwischen meinem Gegenüber und mir geschieht, ist Atem des Lebens und lässt mich lebendig sein und dies in Verbundensein mit einem Ganzen. Ein Beispiel soll es verdeutlichen. Auf einer Wanderung in den Bergen fand ich einen großen Stein mit Moos bewachsen und mit einer Mulde. Ich legte mich in die Mulde. Der Stein begann mit mir zu reden: „Ich trage dich. Ich bin uralt. Du und ich, wir sind eins." Ich spürte mich selbst uralt wie der Stein und eins mit dem, der das Sein ist und vor dem ich bin.

Wir sind jetzt schon ganz weit in die Gedankenwelt deiner Pädagogik eingetreten. Vielleicht sollten wir noch etwas von deinen familiären Wurzeln hören? Du hast sie in Franken?

Mein Vater, wie auch mein Grossvater mütterlicherseits sind Unterfranken. Das ist schon ein eigener Menschenschlag. Sie haben ein besonderes Lebenselement, zum Beispiel das Singen. Da wird das Singen mächtig. Wenn sie auf Wallfahrt waren und zogen in die Wallfahrtskirche ein, war es ein mächtiger Gesang. Mein Onkel hat geschmettert, so aus ganzen Leibeskräften, ungeniert. Franken lieben den Wein. Schon als Kinder sind mein Vetter und ich heimlich in den Weinkeller des Onkels gegangen und haben Wein probiert. Irgendwie verbinde ich mit diesen Wurzeln Lebensfreude, eine Leichtigkeit des Seins. Der Begriff ist auch Titel eines Buches eueres Landsmannes, des Schriftstellers Milan Kundera.

Ja, das stimmt, Franken feiern anders.

Ja, aber mehr die Unterfranken. Die Mittel und Oberfranken sind wieder ein bisschen anders.

Bevor wir deine Kindheitsgeschichte abschließen, möchten wir dich fragen, ob es auch Kritisches zu bemerken gilt.

Ich kann da wenig Kritisches anmerken. Ich hatte das große Geschenk, mit meinen Geschwistern in einer sehr wohlwollenden, liebenswürdigen, herzlich warmen Atmosphäre aufgewachsen zu sein. Aber, wir mussten auch lernen, dass die Eltern ihre eigene Welt, ihre eigenen Bedürfnisse haben. Zum Beispiel, wenn wir im Sommer in den Urlaub fuhren, dann nahmen uns die Eltern zwar mit, aber wir kamen zumeist in ein Kinderheim, das am Urlaubsort war. Dort sind wir gleichsam getrennt von den Eltern gewesen. Die Eltern sind dann an manchen Tagen gekommen, haben uns auf irgendwelche Ausflüge mitgenommen. Sie haben sich aber auch Zeit genommen, ihre eigene Welt zu leben. In Verbindung mit so einem Urlaub im Kinderheim bekam ich Diphterie. Es war eine Krankheit, die zu der damaligen Zeit nicht ungefährlich war. Ich musste ins Krankenhaus. Ich war dort sechs Wochen und meine Eltern fuhren nach Hause. Es war eine sehr schwierige Zeit für mich. Das weiß ich noch. Und in diese Zeit der Ferne von den Eltern fiel auch meine erste Begegnung mit dem Tod. Da ging vor meinem Krankenzimmer ein Leichenzug zum Friedhof. Ein Pferd zog den Wagen. Darauf lag der Sarg. Die Menschen waren sehr ernst. Es läutete die Glocke der Hauskapelle, die man auch nachts bei Gewitter ertönen ließ. Sie klang sehr düster für mich, die Glocke in Verbindung mit der Erfahrung des Vergänglichen und dies alles weit von den Eltern entfernt.

Ich hatte als Kind den Zweiten Weltkrieg und sein Ende erlebt. Erschreckend war das Erlebnis, als in den letzten Kriegstagen ein Zug von Häftlingen aus dem nahen KZ Dachau bei uns vorbei zog. Dunkle Erfahrungen gehören zum Leben. Sie lassen viele Fragen nach einem Woher und Wohin und dem Sinn des Lebens aufbrechen.

Mit Eltern

2.
Schauen und Staunen

Worin siehst du den Eigenwert der Kindheit für die Entwicklung der religiösen Dimension?

Ich glaube, den Menschen kennzeichnen grundsätzlich drei große Fähigkeiten. Er macht sich als Techniker die Welt nutzbar. Er gestaltet als Künstler in schöpferischer Kraft sinndeutende Bilder der Wirklichkeit. Er frägt sich angesichts des Eingebundenseins in das Weltganze nach dessen letztem Sinn- und Seinsgrund. Diese religiöse Dimension gründet im Fascinosum und Tremendum des Weltganzen, in der Welt als einer, die uns fasziniert und erschreckt. Diese Weltanmutung beginnt mit der Geburt.

Kannst du in ein paar Beispielen deine Sichtweise verdeutlichen?

Das Kind, das in die Welt geboren wird, erlebt sie als Vielfalt von Tönen, Farben und Formen. Es wird von dieser Vielfalt an Eindrücken angemutet. Es beginnt ein dialogisches Verhältnis zur Welt. Ich würde diesen Dialog zunächst als absichtslos und unverzweckt bezeichnen. Es ist eine Begegnung der Art, wie sie die Bibel von den ersten Menschen im Paradies erzählt. Diese Begegnung kommt in einem Lied zum Ausdruck, dessen Melodie mir meine Tochter Johanna geschenkt hat.

Ich schaue in die Welt
Text: Franz Kett Melodie: Johanna Jarzina

Ich höre in die Welt,
die Welt hört auch auf mich.
Wir horchen und wir lauschen,
die Welt und mit ihr ich.

Ich greife in die Welt,
die Welt ergreift auch mich.
So werden wir ergriffen,
die Welt und mit ihr ich.

Wenn ich an Emma, mein jüngstes Enkelkind, denke, so sehe ich sie stundenlang mit den Kaulquappen in unserem Weiher beschäftigt. Sie geht jeden Tag gucken, ob sie etwas Neues entdeckt. Sie findet Schnecken und baut ihnen einen Schneckengarten, wo sie sie füttern möchte. Es regt sich Fürsorglichkeit, die Grundhaltung, mit der der Mensch der Schöpfung gegenüber zu treten hat. Nun sind die Möglichkeiten von Weiher und Garten nicht jedem Kind gegeben und doch ist es der Weg, in dem Kinder in die Welt hineinwachsen sollen, der Weg des Schauens, Staunens und der Fürsorge. Ich denke, das ist auch das Anliegen der Waldkindergärten, die sich heute einer großen Beliebtheit erfreuen.

Da können wir Erwachsene aber von den Kindern noch viel lernen?

Wir müssten einfach die Augen von den Kindern wieder bekommen, eine Weltwahrnehmung, mehr noch eine Weltschau, in der es nicht vorrangig darum geht, wie etwas strukturiert ist und in Gebrauch genommen werden kann, sondern durch die man ins Staunen versetzt wird, die einen sich wundern lässt. Diese ursprüngliche Art kindlichen Weltumgangs wäre uns Erwachsenen sehr dienlich. Goethe führt uns ihren Verlust in seinem Gedicht „Die Freuden" folgendermaßen vor Augen:

> Es flattert um die Quelle
> Die wechselnde Libelle
> Der Wasserpapillon
> Bald dunkel und bald helle
> Wie ein Chamäleon
> Bald rot und blau, blau und grün
> O, dass ich in der Nähe
> Doch seine Farben sähe
>
> Da fliegt der Kleine vor mich hin
> und setzt sich auf die stillen Weiden.
> Da hab ich ihn, da hab ich ihn
> Und nun betracht ich ihn genau
> Und seh ein traurig dunkles Blau.
>
> So geht es dir, Zergliedrer deiner Freuden.*

Und wo wird der religiöse Bezug sichtbar?

Wie sich die religiöse Dimension bei dieser Art von Weltbegegnung öffnet, möchte ich wieder in einem Beispiel erklären. Es ist Abend. Ich trage meine fünfjährige Tochter Cornelia auf dem Rücken nach Hause. Über uns der Sternenhimmel. Sie wird sich dessen bewusst und sagt: „Papa, schau, wie schön!" Wir halten inne und schauen. Und als nächstes kommt dann die Aufforderung an mich: „Papa, gehen wir schnell nach Hause!" In diesem Geschehnis zeigt sich meiner Ansicht nach die Urform religiösen Entdeckens. Ich kann zu Hause mit dem Kind im Nachtgebet diese Erfahrung reflektieren und sagen: „Wir haben den Nachthimmel gesehen, die unzähligen Sterne. Wir haben

---

* Johann Wolfgang von Goethe, Gedichte und Epen I, in: Hamburger Ausgabe, Bd. 1, München 1994 (15. Ausg.), S. 19.

gespürt, wie wir doch ganz winzig kleine Menschen sind in der großen Welt. Wir wollen dem danken, der dieses Große sein lässt." So in etwa läuft der rote Faden zwischen dem Erleben des Kindes, seiner Bewusstmachung durch die Hilfe des Erwachsenen und einer Sinndeutung. Der Erwachsene greift eine kindliche Erfahrung auf und hilft bei einer Deutung.

Ein ähnliches Ereignis ereignete sich gleichfalls auf einem abendlichen Heimweg. Ich trug meinen damals sechsjährigen Sohn Matthias auf dem Rücken. Es war wahrscheinlich der Moment einer sehr starken, körperhaften Nähe, der einen Dialog folgendermaßen zwischen mir und meinem Sohn auslöste. Matthias: „Papa, warum scheint der Mond so hell?" Ich, Lehrer, stolz auf das Interesse des Kindes, wollte ihm eine physikalische Antwort geben. Er unterbrach meine Erklärungen mit dem Satz: „Ich weiß schon, warum. Der Mond scheint so hell, dass wir nach Hause finden." Matthias frug demnach nicht nach dem Sachverhalt, sondern nach dem Sinn. Er gibt den physikalischen Gesetzmäßigkeiten einen tieferen Sinn, der in allem, was wir erleben, gegenwärtig ist. Das nach Hause finden, ein äußerer Prozess, wird zur Metapher für einen inneren. Denn ein Zuhause sucht jeder. Das Zuhause im Leibe unserer Mutter ist unsere erste Lebenserfahrung. Wir suchen unentwegt, wo zu Hause zu sein. Als ich einmal ein Kind fragte, wo es gewesen sei, bevor es im Leib seiner Mutter wurde, gab es zum Staunen aller Kinder in der Gruppe die Antwort: „Im Herzen Gottes." Aus dieser Urerfahrung suchen wir fortwährend ein Zuhause. Gemeint ist nicht so sehr das Dach über dem Kopf, sondern ein Beziehungshaus. In meinen späteren Jahren fasste ich meine Sehnsucht und meine Hoffnung auf Beheimatung und Geborgenheit in folgende Verse:

> Wo war ich,
> als ich noch nicht im Leib der Mutter war,
> gebor'n auf dieser Erde?

Gab es mich schon? War ich schon da?
Hat einer mich gekannt,
beim Namen mich genannt?
Ich glaube, ich war immer da,
getragen und umwoben.
In einer großen Liebe war ich,
bin ich, werd ich sein,
in ihr ganz aufgehoben.

Jetzt bin ich da und lebe ich,
im Hier und Jetzt und Heute,
geboren auf der Erde.
Ob's einen gibt, der um mich weiß,
der mich beim Namen kennt,
der mich beim Namen nennt?
Ich glaube, ich war immer da,
getragen und umwoben.
In einer großen Liebe war ich,
bin ich, werd ich sein,
in ihr ganz aufgehoben.

Wo geh ich hin, wo werd ich sein,
wenn meine Zeit zu Ende
und ich verlass die Erde?
Ob's mich noch gibt und einen auch,
der meinen Namen kennt
und mich beim Namen nennt?

Ich glaube, ich war immer da,
getragen und umwoben.
In einer großen Liebe war ich,
bin ich, werd ich sein,
in ihr ganz aufgehoben.

Haben auch dich die Kinder ins Staunen versetzt?

Oftmals, wie aus den geschilderten Beispielen hervorgeht. Am meisten lässt mich erstaunen, was in einer guten Beziehung zu den Kindern vor sich geht. Wenn ich mich einem Kind mit echtem Interesse, mit echter eigener

Neugierde zuwende, dann merke ich, wie das Kind aufblüht und wie es sich freut. In einer Übung hatten wir mit Kindern unser Herz gesucht. Wir spielten, wie das Herz pocht und schlägt, wie es den Lebenssaft, das Blut durch den ganzen Körper schickt, nach oben in den Kopf, nach unten in die Beine, hinaus in die Arme und immer wieder zurück. Wir spielten es leibhaft. Die Kinder kamen in Bewegung. Ich ging von Kind zu Kind und hörte sein Herz schlagen. In dieser Nähe und mit dem Zuspruch, du hast ein starkes Herz, es pocht ganz laut, fühlte ich mich mit den Kindern eins.

Eine ähnliche Erfahrung mache ich, wenn ich am Ende persönlicher Bildgestaltungen jedes einzelne Kind würdige. Ich knie mich dann vor das Kind hin, um sein Bild intensiver in Augenschein nehmen zu können. Ich schaue das Bild an und schenke dem Kind einen Augenblick, verbunden mit einem anerkennenden Zuspruch, den es vielleicht in der Sprache noch nicht ganz versteht. Was es aber wohl versteht, ist, dass es hier gewürdigt wird. Und wenn dann ein Kind das von mir gestaltete Bild gleichfalls würdigt, erstaune ich oft über die Tiefe dessen, was Kinder einem zu sagen vermögen. Das sind eigentlich Momente voller Beziehungsintensität. Ich meine, dass hier auch eine Art Gottesbegegnung stattfindet. Das, was zwischen dem Kind und mir ist, das Dazwischen, ist eine Wirklichkeit. Die Augen des Kindes leuchten, man könnte fast meinen, es wächst einen Zentimeter.

Der größte Bereich im Leben eines Kindes ist das Spielen, vielfach absichtsloses Handeln und Tun. Welchen Wert erkennst du darin?

Ich denke, das ursprüngliche Spiel der Kinder sollte man nicht mit Erwartungen verbinden. Von Hugo Rahner, dem Bruder des berühmten Theologen Karl Rahner, gibt es eine schöne Betrachtung über den Homo ludens, den spielenden Menschen. Er verbindet das Spielen mit der Weisheit Gottes. Die Weisheit spielt vor Gott, absichtslos,

MIT GESCHWISTERN UND VATER

einfach im Hier, im Jetzt, im Gegenwärtigen. Im Spielen werden wir selbst Bild und Gleichnis Gottes.

Aus dem absichtslosen Spiel vermag Neugierde zu wachsen, die Zusammenhänge erkennen lässt, Erkenntnisse, wie etwas funktioniert. Und so entwickelt sich ein Verständnis der Dinge in ihren Gesetzmäßigkeiten. Aber dies ist eigentlich erst eine Folge absichtslosen Spielens. Letzteres schließt eine Vergessenheit von Raum und Zeit ein. Ich erzähle sehr gerne das Gleichnis von Jesus, als er die Menschen aufmerksam macht, wie schön die Blumen gekleidet sind, schöner als König Salomon; wie die Vögel satt werden, ohne dass sie ackern, säen, ernten und auf unsere Zeit übertragen, Kühlschränke füllen müssen. Wenn Jesus heute käme und Kinder im Sandkasten spielen sähe, würde er sagen: „Schaut die Kinder an. Sie vergessen sich. Sie sind im Hier und Jetzt. Sie denken an nichts, außer an das, was sie gerade tun. Sie leben total in der Gegenwart, ohne Sorgen. Sie sind ganz im Leben. Im Hintergrund aber wissen sie ihre Eltern, die für sie sorgen. Von dieser Sorge oder Fürsorge fühlen sie sich getragen." Dies ist ein wunderschönes Bild für mich, wie ich mich selber von der Fürsorge eines väterlichen und mütterlichen Gottes getragen weiß.

Welche Ratschläge würdest du Erzieherinnen in ihrer Arbeit mit Kindern geben?

An erster Stelle steht die Beziehungspflege, die Schaffung einer guten Atmosphäre, eines guten Klimas. Wir nennen es Dazwischen. Wichtig ist die Zusage, es ist schön, dass du da bist, dass es dich gibt. Damit stärken wir die Grundkompetenz für ein gelingendes Leben.

Ich weiß nicht, ob es sehr nützlich ist, wenn man heute in den Kindergärten Portfolien anlegt, Statements über den Entwicklungstand usw. Man fixiert alles und hält alles fest. Diesem Tun gehen Vorstellungen voraus, was das

Geschwister Kett — Mit Bruder Anton am ersten Schultag

Kind in diesem oder jenem Alter zu leisten hat. Mit diesen Erwartungshaltungen werden Kinder schon mit vier, fünf Jahren und vielleicht noch früher beurteilt. Ich übersehe, dass das Kind vielleicht ganz andere Qualitäten hat. Wenn ich jetzt aus meiner Lehrerzeit berichte, so war mein tragischstes Erlebnis folgendes: Ich hatte in einer neunten Klasse einen Schüler, der war ein perfekter Pantomime. Er konnte pantomimisch agieren, wie ich es an keinem anderen erlebt habe. Aber die Erwartung, die man an ihn stellte, war, dass er einen anständigen Beruf erlernt, nicht Pantomime wird. Er musste dann, obwohl er in den technischen Fächern keine großen Interessen und Begabungen zeigte, Schreibmaschinenmechaniker werden. Mit dreiundzwanzig Jahren hatte er sich zu Tode getrunken. Er ist irgendwo als Mensch nicht ernst genommen worden. Man hat seine Qualitäten nicht erkannt, beziehungsweise die Ausbildung dieser Qualitäten nicht vollzogen. In der Vorstellung einer sehr real denkenden, auf Nutzen ausgerichteten Welt, ist er gescheitert.

Es gilt den Kindern, die Chance zu geben, dass sie werden dürfen, was sie sind. In meiner Gottesvorstellung scheint uns auch Gott so zu begegnen. Er schenkt uns Leben und damit Begabungen. Es kommt nicht darauf an, fünf Talente zu haben, nicht zwei, es genügt eins. Aber man muss das eine finden, man muss es verwirklichen dürfen. Man muss nicht ein anderes Talent verwirklichen müssen, das man gar nicht hat, sondern das Seine. Darin liegt, glaube ich, das Geheimnis eines erfüllten Lebens, dass ich werden darf, der ich eigentlich bin.

Als Ministrant

3.
Schritte
in das reale Leben

Was ist dir aus dieser Zeit an prägenden Erinnerungen geblieben?

Nach einem Jahr Kindergarten in meiner Heimatpfarrei St. Benno in München kam ich 1939 zur Schule. Es war schon Krieg. Aus meiner Münchner Schulzeit sind mir noch zwei Erlebnisse gegenwärtig. Als während eines Nachmittagsunterrichtes ein gewaltiges Gewitter aufzog und ich mehr zum Fenster hinaus als auf die Tafel schaute, packte mich der Lehrer und hielt mich aus dem Fenster, damit ich das Gewitter besser sehen könne. Es war dies kein freundlicher Akt, sondern eine Abschreckungsmaßnahme. Aber es gibt einfach Dinge, die einen mehr interessieren als der Unterricht.

In den ersten Jahren der Schulzeit begann auch das, was man offizielle Gewissensbildung nennt. Es war wohl im Religionsunterricht. Ich hatte die Gewohnheit, mir aus den Mänteln und Jackentaschen meiner Mitschüler eine Sammlung von Bleistiften, Radiergummis und anderen Dingen anzueignen. In der Hinführung zur Beichte wurde mir bewusst, dass das eigentlich Diebstahl war und ich ließ davon ab.

Einmal hatte ich meiner Mutter fünf Pfennig aus ihrer Geldbörse entwendet, um mir ein Eis zu kaufen. Eis gab es bei uns nur, wenn wir beim Zahnarzt waren. Der bohrte uns die Zähne mit einer Maschine auf, die er irgendwie mit dem Fuss betätigte. Das war mörderisch, aber wir bekamen dafür anschließend ein Eis. Nun hatte ich also in Ermangelung eines solchen Zahnarztbesuches und mit großer Lust auf Eis meiner Mutter fünf Pfennig entwendet und ging mir Eis kaufen. Auf dem Heimweg sah ich eine Frau auf mich zukommen und hielt sie für meine Tante, die Oberlehrerin war. Mit meinem schlechten Gewissen versteckte ich das Eis hinter einem Zaun. Die Frau kam näher und ging an mir vorbei. Jetzt merkte ich erst, dass sie nicht meine Tante war, sondern eine wildfremde Frau, die Verobjektivierung meines schlechten Gewissens. Das Eis war natürlich futsch.

Wie ging es nach deiner Volksschulzeit weiter?

Nach meiner ersten heiligen Kommunion fragte mich mein Pfarrer, ob ich nicht auch Priester werden wollte. Der Altardienst als Ministrant faszinierte mich und so lautete meine Antwort: „Das könnte gut sein." Da die Fliegerangriffe auf München zunahmen, die Schule des öfteren ausfiel, ich aber auf den Übertritt ins Gymnasium vorbereitet werden sollte, brachte mein Vater mich in ein Kinderheim in der Nähe von Erding, dem heutigen Flughafen Münchens. Das Heim wurde von Schwestern geleitet. Die Namen der Schwestern haben mich sehr fasziniert: Engelhelma, Wilhelmina, Hermenina, Engelberta, Serafina, Sophia usw. Wir schliefen zu dreißig in einem Schlafsaal. Eine der Schwestern war in einer Art Kombüse unsere Aufseherin. Wir hätten gerne mal gesehen, wie sie ohne Schleier aussieht.

MIT 14 JAHREN

Aber bis der Augenblick kam, wo sie in ihr Nachthemd schlüpfte, waren wir Buben schon alle eingeschlafen. Die Schwestern waren mütterliche Frauen. Ich verdanke der Küchenschwester manches Butterbrot in der Pause und den Schulschwestern einen guten Übertritt ins Gymnasium. September 1944 trat ich schließlich in das Knabenseminar in Freising ein und besuchte das dortige Domgymnasium. Durch das nahende Kriegsende wurden wir nach einem Vierteljahr Schulzeit nach Hause geschickt. Als der Schulbetrieb im November 1945 wieder aufgenommen wurde, befanden wir uns plötzlich in der zweiten Gymnasialklasse.

Der Tagesablauf im Knabenseminar mit 200 Schülern war streng geregelt. Wir hatten Studiersäle mit 50 und Schlafsäle mit 30 Buben. Wir standen täglich am Morgen um halb sechs Uhr auf. Nach dem Waschen mit kaltem Wasser besuchten wir die heilige Messe. Anschließend war Frühstudium am hochgezogenen Pult, damit wir nicht einschliefen. Es folgte der Schulbesuch des Domgymnasiums. Beim gemeinsamen Mittagsmahl mit den Präfekten und dem Direktor – alle waren Geistliche – wurde die Suppe unter Stillschweigen eingenommen. Hatten wir uns gebührlich benommen, zeigte ein Klingelzeichen an, dass man jetzt reden durfte. Was wir als Ungerechtigkeit empfanden, war, dass die Priester am Priestertisch immer besseres Fleisch bekamen. Die Schwestern, die uns unseren Präfekten das Fleisch auftragen liessen, nannten dabei das besondere Fleisch: „Priesterfleisch".

Nach dem Essen kam die tägliche Anbetung in der Kapelle und klassenweiser Spaziergang. Ab fünfzehn Jahren durften wir auch zu dritt ausgehen nach dem Wahlspruch: tres coloqium faciunt, das heißt: drei machen ein Gespräch. Als Sport betrieben wir Faustball, Fußball war zu roh für kommende Priester. Um halb fünf Uhr folgte das Abendstudium, wieder die erste Stunde am Pult stehend. Nach dem Abendessen gab es ein bisschen Rekreation. Mit einer Schriftlesung und einem Abendgebet ging der Tag gegen neun Uhr zu Ende. Das ging so insgesamt acht Jahre.

Erzähle doch etwas von deinen Internatserlebnissen?

Die ersten Internatsjahre fand ich ganz lustig. Wir spielten in den Kohlenkellern abends „Christenverfolgung". Wir hatten einen aufgeschlossenen Direktor, der mit uns Theater spielte. Wir hatten als Präfekten den späteren Domkapellmeister von München, Max Eham. Ich durfte beim Seminarchor mitsingen. Wir führten auch Mozartmessen auf und feierten viele schöne Feste. An eine Nikolausfeier erinnere ich mich besonders. Der Heilige kam mit sechs Krampussen. Sie waren auf einem großen Leiterwagen in einem Gitterkäfig eingesperrt. Unter dem Schall von Trompeten und Posaunen wurden sie freigelassen. Wir flüchteten in unsere Kleiderschränke. Ja, das waren aufregende Stunden.

Und die andere Seite dieser Zeit?

Vom Eintritt in die marianische Kongregation, von der besonderen Verehrung der jungfräulichen Mutter Maria habe ich schon erzählt. Für mich war es schwierig, dass wir zum Ende der Sommerferien, drei Tage vor Beginn der Schulzeit, bereits im Internat zu Exerzitien eintreffen mussten. Bei einer dieser Einkehrzeiten schloss der Exerzitienmeister die Fensterläden und führte uns bei Kerzenlicht anschaulich die Hölle vor Augen. Es war für mich auch die Zeit, wo ich in der Pubertät stand und so manchen Weltschmerz empfand. Ich ging jede Woche mit anderen Kameraden ins Klavierzimmer zur Beichte. Beichtvater war ein alter Jesuitenpater, der den bezeichnenden Namen Aloisius hatte und seine dem Heiligen entsprechende asketische Lebensweise irgendwie auch körperhaft zeigte. Über uns wurde Buch geführt, was wir alles so beichteten, bis eines Tages der Pater das Buch im Klavierzimmer liegen ließ und wir mehr oder weniger feststellten, dass wir alle so ziemlich die gleichen Fehler hatten. Das wirkte wiederum für mich entlastend. Ich neigte zum Skrupulantentum. Mir genügte nicht, zu sagen, ich habe fünfmal unandächtig gebetet. Ich erfand immer mehr Sünden und

Als Gymnasiast (erster von rechts)

Verfehlungen. Das führte zu einer ziemlichen Krise. Dass ich wieder da raus kam, verdanke ich, wie schon gesagt, der Pfadfinderei. Sie war für mich wie eine Therapie. Ich glaube schon, dass ich eine Gabe der Intuition, eine gewisse Sensibilität für das Normale, das menschlich Richtige, für das Leben besitze, so dass ich ablegen konnte, was dem Leben hinderlich ist und die Lebensfreude nicht verloren ging. Überall, wo Freude am Dasein durch äußere Regulierungen und Idealisierungen beeinträchtigt wird, muss ein großes Misstrauen entwickelt werden.

Du sprachst bis jetzt über das Internat. Wie war es in deiner Schule, im Gymnasium?

Wir hatten im Gymnasium kauzige Professoren und doch wiederum auch ganz wunderbare Menschen. Ein Professor Mayer unterrichtete uns in Griechisch und Latein und machte uns anfänglich mit der Philosophie eines Platon und Aristoteles und natürlich auch ihres Vorgängers, mit Sokrates, vertraut. Da fing meine Begeisterung für philosophisches Denken an. Was mich an Professor Mayer am meisten begeisterte, war seine Persönlichkeit. Er war ohne Stolz. Er war einfach ein weiser, gütiger Mensch. Das hat mich sehr beeindruckt. Ich weiß noch, dass ich ihm einmal von zu Hause Weihnachtsplätzchen mitbrachte, um ihm eine Freude zu bereiten.

Ihr ward im Internat lauter Jungen gewesen, wie war dein Verhältnis zu den Mädchen?

In der Klasse hatten wir ein einziges Mädchen. Insgesamt war die Knabengesellschaft im Internat und die Männergesellschaft im folgenden Priesterseminar schon ein Problem. Ich war immer in Gefahr, meine eigene Körperlichkeit, und darin eingeschlossen, meine Sexualität zu verdrängen. Sexualität war ja auch sehr mit Sünde behaftet. Ich musste erst einmal herausfinden, worauf ich fixiert bin, auf eine männliche Welt oder auf eine weibliche. Das hat schon viel Not mit sich gebracht. Während einige meiner Klassenkameraden nachts heimlich auf einen Tanzkurs gingen und erste Kontakte mit Mädchen pflegten, hatte ich vor solchen Schritten zu viel Angst.

Wie war dein Gottesbild zu dieser Zeit?

Das Gottesbild war bestimmt sehr traditionell, sehr kirchenbetont. Der väterliche Gott und der richtende Gott standen nebeneinander. Jesus war durch das Glaubensbekenntnis in feste Dogmen gefasst. Alles fraglos. Eine Weitung begann für mich, als ich, ins Priesterseminar eingetreten, zweimal Betriebpraktikas absolvierte, um die industrielle Arbeitswelt kennenzulernen. Das war eigentlich von der Ausbildung her sehr fortschrittlich gedacht. Ich arbeitete bei der Lokomotivenfirma Kraus-Maffei als Hilfsschlosser und hatte Schweißnähte abzuschleifen. In einem Münchner Straßenbahndepot putzte ich des Nachts Straßenbahnwägen.

Du erzählst schon weiter von deinem Leben. Aber wenn wir noch bei deinem Gottesbild bleiben, könntest du da einen für dich noch wichtigen Anstoß nennen?

Das fünfte Semester meines Theologiestudiums absolvierte ich in München. Für mich bedeutsame Lehrer waren Romano Guardini und der Moraltheologe Richard Egenter. Aus einer seiner Vorlesungen ist mir unvergesslich das Bild, dass das Leben ein Garten mit vielen schönen Bäumen und Früchten sei. In dem Garten gäbe es auch etliche Fallgruben. Und er sagte weiter, es gäbe gerade unter uns Christen viele, die sich die Früchte des Gartens nicht zu pflücken trauten aus lauter Angst, in die Grube zu fallen. Das war für mich ein Schlüsselsatz, eine Analyse meiner Situation. Er stärkte mich auf meinem Weg einer Veränderung.

In der Zeit, in der du im Priesterseminar warst, ist wohl eine einmalige Generation von Menschen aufgewachsen, die eine neue Freiheit und Offenheit auch ins kirchliche oder theologische Denken gebracht hat.

Ja, das kann ich bestätigen. Von meinen über vierzig Kurskollegen wurden die meisten mit zwei oder drei Ausnahmen, zu denen auch ich gehörte, Priester. Es entwickelte sich vielleicht gerade durch eine Überzahl von Grenzsetzungen ein Freiheitsdrang und es war ein großes Freiheitsbewusstsein da. Das hat sich dann auch in der Art der Seelsorge gezeigt, wie sie meine Freunde betrieben. Es gab viele gute Ansätze, die dann und wann von oben wieder eingeschränkt wurden. Aber es war doch ein Geist der Freiheit. Er war mit viel Enthusiasmus verbunden. Wenn ich mich heute mit meinen alten Kollegen und ihren Pfarrhausfrauen treffe, nehme ich allerdings bei manchen Resignation wahr, verbunden mit der Frage, hatte mein Leben Sinn. Ich versuche dann im Gespräch, sie daran zu erinnern, wie vielen Menschen sie im Laufe ihres Priesterlebens mit Rat und Tat zur Seite gestanden sind, ihnen Lebensmut vermittelt haben und Trost in schweren Lebenssituationen.

In einer einteiligen Landschule

4.
Auf dem Weg zum Lehrer

Was waren deine nächsten Schritte, als du das Priesterseminar verlassen hattest?

Es gab meinerseits ganz verschiedene Versuche. Zunächst wollte ich zu Theologie noch Griechisch und Latein studieren, um als Gymnasiallehrer in diesen Fächern mein Brot zu verdienen. Im Griechisch und Latein aber gab es viel zu viel zu büffeln und das vertrug sich nicht mit meiner Jugendarbeit in der Pfadfinderschaft. Ich hatte es dort schon zum Stammesfeldmeister und Gaufeldmeister gebracht – so die Bezeichnungen in der damaligen Zeit. So kam ich auf die Idee, Psychologie zu studieren. Da habe ich aber den Aufnahmetest nicht bestanden. Ich war wohl noch zu sehr in alten Verhaltensmustern befangen. Es war noch nicht so weit. Ich konnte aber auch nicht ewig meiner Mutter finanziell auf der Tasche liegen und wollte unabhängig werden. So bewarb ich mich für die Ausbildung zum Offizier in der neugegründeten Bundeswehr. Da konnte ich in der sportlichen Eignungsprüfung nicht über den Bock springen. So war das wieder nichts. Was blieb übrig? Lehrer werden? Ja, das war das Richtige. Und so kam ich durch all diese Krisen und dieses Scheitern hindurch zu dem, was das Meine war, zu einem Beruf, unter dem ich mich eigentlich heute noch sehe. Ich habe darin meine Identität gefunden.

Kannst du von besonders einprägenden Erlebnissen aus deinem Lehrerstudium berichten?

Die alte Lehrerausbildung war passé. Ich besuchte in München die neugegründete Pädagogische Hochschule.

Es wurde mir auf Grund meiner vorhergegangenen Studiengänge ein Semester geschenkt. Auch hier erinnere ich mich an überzeugende Lehrerpersönlichkeiten, wie beispielsweise an den Professor für Deutschdidaktik, Kurt Singer. „Aus ihnen wird einmal ein guter Lehrer", war sein Zuspruch an mich anlässlich einer Seminarübung. Ich konnte so am eigenen Leib erfahren, was es bedeutet, gewürdigt zu werden: den Schüler wahrnehmen, ihn akzeptieren, ihm ein Stück Verantwortung übergeben, zu einem Bewusstsein beitragen, dass er am richtigen Platze sei.
Professor Simon, Lehrer für Unterrichtsdidaktik, begeisterte mich durch seine Erzählkunst. Seine Schulfunksendungen über den Bayrischen Wald bewegten mich, dort in Frauenberg am Fuß des Dreisessels nahe der tschechischen Grenze, mein sechswöchiges Landschulpraktikum zu machen. Professor Simon konnte Lernprozesse auf den einfachsten Nenner bringen: „Einatmen – Ausatmen" oder „Eindruck – Verarbeitung – Ausdruck". Über meinen Pädagogiklehrer, Professor Stippel, bekam ich Zugang zum Herzbegriff bei Augustinus und bei Blaise Pascal. Dabei kam etwas in mir zum Klingen, was in mir schon im Schwingen war und zu meiner Person passte. Ein Ahnen um das Herz als Erkenntnisorgan. Ich hätte gerne bei Professor Stippel, der auch an der Universität München lehrte, promoviert. Es wurden schon Vorgespräche geführt. Gegner hatten jedoch Professor Stippel mit Plagiatsvorwürfen zu Fall gebracht. So war auch dieser Traum ausgeträumt. Stippel war ein Herzensmensch. Er ist bald nach diesen Vorwürfen an Herzversagen verstorben.

Du hast deine Zulassungsarbeit an der Hochschule über den Herzbegriff geschrieben. Was war dir dabei bedeutsam?

Wahrheitsfindung gelingt nach meiner Erfahrung am besten in einer Einheit von Schauen, Begegnen, Erspüren, Bedenken, Handeln. Kognition verbindet sich mit Emotion. Für den Ort dieser Einheit steht symbolisch das Zentralorgan unserer leiblichen Existenz, das Herz. Es wird Sinnbild für das, was Guardini als unsere Personmitte bezeichnet. Ein vielzitierter Satz aus dem Kleinen Prinzen lautet: „Man sieht nur mit dem Herzen gut. Das Wesentliche bleibt für die Augen unsichtbar." Für den Kirchenlehrer Augustinus ist das Herz die Antriebskraft unserer Gottsuche und zugleich der Ort einer Gottesbegegnung. Der französische Mathematiker und Philosoph Blaise Pascal spricht von der Vernunft des Herzens und einer Wahrheit, die nur dem Herzen zugänglich ist. Der Psychoanalytiker Peter Schellenbaum prägt den Begriff vom Spürbewusstsein und meint damit wohl auch das Herz als Wahrnehmungsorgan. Die alttestamentliche Bitte um ein schauendes, hörendes, weises Herz mag zum alltäglichen Gebet werden. Was mir wohl als Veranlagung geschenkt und im Rahmen meiner Lebensgeschichte immer mehr bewusst wurde, ist der Blick der Welt und allen Lebens in ihr aus dieser Existenzmitte. Die Bildung des Herzens ist auch die zentrale Aufgabe ganzheitlich sinnorientierter Pädagogik geworden.

Dein Verständnis von Menschsein hat sich wohl in deiner Lehrertätigkeit vertieft. Erzähle uns etwas davon.

Meine erste Lehrerstelle war an der Gehörlosenschule in Nürnberg. Auf einem Pfadfinderlager, an einem kleinen See bei Rosenheim, mitten beim Kochen, brachte mir der Postbote diese Berufung. Ich wurde nun gehörlosen Kindern Erzieher und Hilfslehrer, mit einer Arbeitszeit von 50–60 Stunden in der Woche. Es war schon etwas Liebe zu diesen Kindern, die mich kein Zeitmaß setzen ließ. An Wochenenden bin ich mit den im Haus Verbliebenen weggefahren, auch wieder in ein Pfadfinderlager. Am Sonntag bin ich mit den katholischen Kindern in die Stadtkirche Sankt Elisabeth gegangen. Jede zweite Nacht schlief ich bei den größeren Jungen in deren Schlafsaal und hatte an den Lauten Anteil, die sie unartikuliert in ihren Träumen von sich gaben. Was mir in der Begegnung mit diesen gehörlosen Kindern aufging, war, dass ihre Seele nicht so sehr durch Töne und Musik gebildet wurde, sondern durch handfeste, bildhafte Gestaltungen.

Mein nächster Tätigkeitsort als Lehrer war dann eine einklassige Landschule. Ich hatte täglich über 45 Kinder von der ersten bis zu achten Klasse zu unterrichten. Es war meine schönste Lehrerzeit. Wir waren eine große Schulfamilie. Meine Lernerfahrung war, dass es in einer derartigen Schulorganisation nicht möglich war, viel detailliertes Wissen zu vermitteln. Was aber sehr wohl gelernt wurde, war die Selbstständigkeit. Die Kinder hatten viele Aufgaben in Stillarbeit zu erledigen. Dazu kam Verantwortlichkeit. Die Großen halfen den Kleinen beim Lesen, Schreiben und Rechnen. Besonders wichtig war die Atmosphäre, die aus dem gegenseitigen Helfen, aus einer gewissen Achtsamkeit, aus dem Herzen her geprägt wurde. Im Advent zogen wir von Hof zu Hof und übten uns im Brauch des Klöpfelesingens. Zum Ende des Schuljahres gab es Theateraufführungen. Wir hatten keine Schulglocke und konnten so die Pause auch manchmal erweitern. Es bestand ein großer Freiheitsraum. Wir waren eine Schulfamilie. Wenn ich den Kindern, vor allem denen in der ersten Klasse in ihre großen Augen schaute, begann etwas in mir zu fließen.

Was hat dich veranlasst, diese, wie du sie nennst, für dich schönste Lehrerstelle zu verlassen? Wohin führte dich dein weiterer Weg?

Die Schule wurde im Rahmen einer Reform des Schulsystems in Bayern aufgelöst und ich bekam eine Stelle an der Hauptschule meines Wohn- und Heimatortes Gröbenzell. Ich war jetzt Lehrer in siebten, achten und neunten Klassen, für Kinder also im Übergang zur Pubertät. Es war üblich, bestimmte Fächer in Parallelklassen zu unterrichten. Mir wurde es eingeräumt, alle meine Lehrerstunden in der Klasse halten zu dürfen, für die ich auch Klassleiter war. So gab ich neben den Kernfächern auch Schulspiel, Photographie, Werken, Musikerziehung.

In dieser Kombination konnte ich die Kinder in ihren unterschiedlichen Begabungen erreichen. Die Kinder, und mit ihnen ich, lernten zu akzeptieren, dass man nicht in allen Fächern gleich gut sein kann, aber dass es auf jeden Fall etwas gab, wo man seine besonderen Fähigkeiten zeigen konnte. Es war wie das Prinzip von kommunizierenden Röhren. Der Erfolg in einem Fach wirkte sich auch in anderen Fächern aus. Von besonderer Bedeutung für das Klassenklima war das Schulspiel. Das Menschenschattentheater fand bei den Schülern besonderen Anklang. Sie konnten hinter der Schattenleinwand, mit den Zuschauern nicht direkt in Kontakt, frei agieren. War es zunächst ein Tanz, den sie zu ihrer Lieblingsmusik aufführten, so kamen bald kleine Spielszenen dazu. Der Höhepunkt war dann die Aufführung einer Geschichte als Schattenspiel. Musikbegabte Schüler begleiteten die Szenen auf selbstgebastelten Instrumenten. Meine eigene Lernerfahrung war die Wirksamkeit ganzheitlichen Unterrichtens und, wie darin die Lehrer-Schülerbeziehung, das Dazwischen also, von besonderer Bedeutung war. Als mir die Möglichkeit dieser Art des Unterrichtens genommen wurde und ich in verschiedenen Klassen Fächerunterricht erteilen sollte, kehrte ich der Schule den Rücken.

War diese Sozialität bei Lehrern damals ein Standard? War es zu dieser Zeit das Bild des Lehrers, was du jetzt beschrieben hast?

Ich tue mich schwer, diese Frage zu beantworten. Ich möchte auf keinen Fall den Eindruck erwecken, dass die alten Zeiten besser waren. Lehrer, denen vieles oder gar alles an einer guten Atmosphäre in der Klasse liegt und die sich um eine offene, gute Beziehung zu jedem einzelnen Schüler bemühen, gibt es zu allen Zeiten. Die Frage ist freilich, ob sie den Beurteilungskriterien des heutigen Schulsystems Genüge leisten. Ich hätte heute mit meinem Notendurchschnitt bei der zweiten Lehramtsprüfung für den Bayrischen Staatsdienst keine Anstellung gefunden.

Mit Kindern auf einem Altenfest

5.
Der Elementarbereich als neues Betätigungsfeld

Wie ging es weiter, nachdem du der Schule den Rücken gekehrt hast?

Der Übergang war eigentlich fließend. Ich hatte bereits im letzten Jahr meiner Lehrertätigkeit in der Hauptschule an der Fachakademie für Sozialpädagogik des Caritasverbandes München Theologie und Religionspädagogik gegeben. Im Jahr 1972 wurde ich vom bayerischen Schuldienst beurlaubt, um das Kindergartenreferat im Caritasverband der Erzdiözese München-Freising zu übernehmen. Es war die Zeit großer Umbrüche in der Kindergartenpädagogik in Deutschland. Der Begriff Elementarpädagogik wurde diskutiert und geprägt. Man wollte das Kindergartenwesen aus einem mehr sozialen Blickwinkel in den Bildungsbereich hineinholen. Vom bayerischen Staat wurde das Institut für Vorschulpädagogik gegründet. Die Stadt München unternahm den Versuch, Kinder mit fünf Jahren in sogenannten Nullklassen in der Schule anzusiedeln. Frühlesen war angesagt. Ein Kollege von mir rechnete mit fünfjährigen Kindern bereits in Potenzen. Ein Lehrer wurde zum Chef des städtischen Kindergartenreferats. Der Caritasverband der Diözese wollte gleichziehen und so kam ich durch diesen Zufall zu meiner neuen Aufgabe. Ich war nun gewissermaßen direkt verantwortlich für etwa zwanzig Caritaskindergärten und indirekt für fünfhundert kirchliche Kindergärten. Hauptintention für meine Anstellung war von Seiten des Caritasverbandes eine zeitgemäße Ausrichtung der religiösen Erziehung und Bildung in den kirchlichen Kindertagesstätten.

Erzähle uns doch einmal, was dir dazu eingefallen ist.

Meine Einfälle stehen in Verbindung mit Schwester Esther Kaufmann. Über die Zusammenarbeit mit ihr möchte ich mich später einlassen. Die Frage der religiösen Bildung im Elementarbereich ging alle deutschen Diözesen an. Der Dachverband der diözesanen Caritasverbände, der Deutsche Caritasverband mit Sitz in Freiburg gründete einen Ausschuss, um sich dieser Frage zu widmen. Ich wurde Mitglied dieses Ausschusses. Es kamen drei Vorlagen auf den Tisch: der Trier Plan von Willi Quadflieg und seiner Mitarbeiterin Frau Dr. Hildegard Bogerts. Die Konzeption des Regensburger Religionspädagogen Herrn Prof. Dr. Hofmeier und der Sozialpädagogin Frau Rosi Bichler und schließlich Unterlagen, die aus meiner Zusammenarbeit mit Sr. Esther Kaufmann entstanden waren.

Ihr habt doch euere Gedanken verschriftlicht. Aus welchem Erfahrungsbereich hast du deine Erkenntnisse gewonnen?

Ich gab bereits während meiner Tätigkeit im Caritasverband von 1972 bis 1975 und dann darüber hinaus jährlich

DIE ERSTEN HANDSCHRIFTLICHEN HEFTE

Handreichungen unter dem Titel „Religionspädagogische Praxis" heraus. Sie waren das Ergebnis meiner Lehrertätigkeit an einer Fachakademie für Sozialpädagogik, meiner Tätigkeit als Kindergottesdienstleiter und der gemeinsamen Arbeit mit Sr. Esther in der Erzieherinnenfortbildung in der Diözese. Ab 1978 erschien in Zusammenarbeit mit Schwester Esther die „Religionspädagogische Praxis" als Vierteljahreszeitschrift, vertrieben durch den von mir gegründeten RPA-Verlag Landshut.

Auf was legtest du als Leiter von Kindergottesdiensten in deiner Gemeinde besonderen Wert?

Für mich war die Kontinuität der Gottesdienste bedeutsam. Das hieß, an jedem Sonntag war parallel zum Hauptgottesdienst in der Kirche ein Kindergottesdienst im Pfarrheim. Wichtig war für mich „die Erlebnisgestalt". Der Schweizer Religionspädagoge Fritz Oser hat mit diesem Begriff Aufsehen erregt. Sein Grundanliegen war, dass das Kind in seiner Erlebniswelt und in seiner Ganzheit angesprochen wird. Für so etwas schien mir der Wortgottesdienstteil besonders geeignet. Das Besondere war, dass die Reihenfolge, zuerst Verkündigung des Evangeliums und dann seine Deutung in einer Predigt auf den Kopf gestellt wurde. Die Thematik des Evangeliums wurde über Pantomime, Lied, Tanz, Symbole, auf die Lebenswelt der Kinder bezogen, ausgedeutet. Der Evangeliumstext bildete den Abschluss.

Gib uns ein konkretes Beispiel dafür.

Ich stelle einen adventlichen Gottesdienst zum Thema „Warten" vor. Eröffnungslied, Begrüßung und Einführung, Kyrieruf, Kirchengebet und Fürbitten orientieren sich an dieser Thematik. Die Verkündigung der biblischen Botschaft gliederte sich dann folgendermaßen:
– Wir knüpfen an eine den Kindern bekannte Wartesituation an, z. B. Warten auf den Schulbus.
– Von dieser konkreten Situation ausgehend wird in

einer Pantomime „Warten" als allgemeiner Zustand des Menschen deutlich gemacht. Wir entdecken uns selbst in vielfacher Hinsicht als Wartende. Ein entsprechendes Lied verdichtet diese Erfahrung.
- Wir verdeutlichen sprachlich, worauf sich menschliches Warten und Hoffen richtet. Zum Beispiel in der Gefangenschaft auf Freiheit, im Hunger auf das tägliche Brot, usw.
- Auf dem Hintergrund dieses gewonnenen Verständnisses hören wir eine entsprechende biblische Geschichte, z. B. das Warten des Volkes Israel in Babylon auf seine Befreiung aus der Sklaverei.
- In Fürbitten identifizieren wir uns mit den Wartenden von damals, sehen in ihrer Not auch unsere eigene und bitten Gott um sein Kommen, seine Hilfe für uns und andere.

Das ist ungefähr die katechetische Struktur, die den Verkündigungsteil im Gottesdienst prägt. Die Anknüpfung an eine menschliche Lebenssituation war für uns ganz wichtig.

Du hast hier den Kindergottesdienst ganz von der anthropologischen Seite in deiner Diözese entwickelt. Gab es auch andere Versuche?

Sicherlich. In dieser Zeit gab es ganz allgemein einen Aufbruch in der Kinderliturgie. Unsere Struktur und unser Aufbau war aber schon was ganz eigenes. Das kann man wohl sagen. Er hat sich aus der Situation der Kinder, ihren Familien entwickelt. Der Erfolg, in dieser Art kontinuierlich Gottesdienst zu feiern, hat uns Recht gegeben. Es kamen Sonntag für Sonntag wohl fünfzig Erwachsene und oft über hundert Kinder. Unser Pfarrer äußerte den Wunsch, wir sollten uns nach dem sonntäglichen Leseplan richten. Das war nicht unser Ziel. Unsere Intention war viel mehr, aktuelle Lebenssituationen aufzugreifen und diese mit biblischen Texten zu verbinden. Dabei beachteten wir natürlich die kirchlichen Festzeiten wie Advent, Weihnachten, Ostern.

Wie alt waren die teilnehmenden Kinder und kamen auch Reaktionen auf diese Gottesdienste?

Das Alter der Kinder war nach unten und oben offen. Taten sich kleine Kinder schwer, am ganzen Gottesdienstverlauf teilzunehmen, baten wir die Eltern um Verständnis und gaben ihnen den Ratschlag, mit den Kindern vielleicht eine Weile an die frische Luft zu gehen.

Im Anschluss an einen Weihnachtsgottesdient erklärte mir ein etwa zehnjähriger Junge, er habe so etwas Schönes noch nie erlebt. Ich machte aber auch die Erfahrung, dass mir nicht alle in der Gemeinde wohl gesonnen waren. Ich würde mich zu sehr in den Mittelpunkt stellen und nicht den lieben Gott. Das machte mich sehr betroffen, bin ich doch zur Erkenntnis gelangt, dass einiges zu unternehmen ist, um mit der Gemeinde in Kontakt zu treten und dass es einer Korrespondenz bedarf, eines dialogischen Verhältnisses. Das vollzieht man vielfach durch Einsingen von Liedern vor dem Gottesdienst, durch wiederholtes Ansprechen der Kinder und Erwachsenen im Gottesdient, auch manchmal außerhalb der gewohnten liturgischen Formen. Ich erinnere mich, wie ich einmal in eine Gemeinde gerufen wurde, in der der Priester dem Kindergottesdient sehr skeptisch gegenüber stand. Ich sollte ihn wohl bekehren. Wir begannen den Gottesdienst mit dem Lied „Hallo, hallo, schön, dass du da bist". Kinder und Erwachsene kamen miteinander in Kontakt. Es kam eine fröhliche Atmosphäre auf. Der Priester beendete unseren Gesang mit den Worten: „So begrüßt man sich in der Kirche nicht. Unser Gruß heißt: Der Herr sei mit euch!" Stille in der Kirche! Der Geist Gottes, der doch auch ein Geist der Freude ist und sich bereits in der Gemeinde bemerkbar gemacht hatte, war plötzlich aus der Kirche verschwunden.

GOTTESDIENSTBÜCHER AUS DEM DON BOSCO-VERLAG

Ein weiterer Vorwurf kam von Seiten der Kirchenmusiker. Es waren einigen von ihnen unsere Lieder zu banal. Zum Beispiel: „Der Müller mahlt das Mehl, der Bäcker backt das Brot, gutes Brot, feines Brot, Brezen, Semmeln, Kuchen. Wer Brot hat, leidet keine Not, wer Brot hat, der kann leben. Vater unser im Himmel, unser Brot gib uns heute." Unsere Entgegnung lautete, wir wollen weder Goethe noch Mozart sein. Es geht uns um eine kindgemäße Verdichtung der Thematik, um ein emotionales Angerührtwerden, das mit einem einfachen Liedruf hervorgerufen werden kann.

Abgesehen von deinen schlechten Erfahrungen hattest du auch viele gute Mitarbeiter bei der Gestaltung deiner Kindergottesdienste.

Es gab eine Reihe von Kaplänen in meiner Gemeinde, die dazu sehr positiv eingestellt waren. Sie haben von mir gelernt und ich von ihnen. Ich wurde musikalisch von meinen Kindern und von Mitgliedern eines gemeinsamen Familienkreises unterstützt. In der Diözese München-Freising war nach meinem Wechsel aus dem Caritasverband in das Schulreferat der Kindergottesdienst sogar ein Hauptanliegen in meiner Dienststelle. Meine Mitarbeiterinnen und ich fuhren Land auf, Land ab, um Interessenten entsprechende Anregungen zu geben. Im Don Bosco-Verlag erschienen von mir in Zusammenarbeit mit Klaus Gräske mehrere Bücher zu der Thematik. Frau Margot Eder und Frau Monika Mehringer setzten diese Tradition mit weiteren Büchern aus dem RPA-Verlag fort.

Hanni magst du dich zu dieser Thematik äußern?

(Hanni) Als Erzieherin in einem Caritaskindergarten war es auch meine Aufgabe, Familiengottesdienste zu veranstalten. Ich habe mich mit meinen Kolleginnen eingebracht, so gut wir es konnten. Du, Franz, warst uns dabei eine wichtige Person. Was du und deine Mitarbeiter da initiiert haben, war wirklich gut, praxisnah, fast das Einzige, an dem man sich orientieren konnte.

(Franz) Ja, Hanni, und ich erinnere mich wieder an die Lieder, die du für uns gedichtet und komponiert hast. Über das Singen waren wir schon sehr miteinander verbunden.

(Hanni) Franz, du bist mir als singender Franz in Erinnerung. Es gab keinen Diözesankongress für uns Erzieherinnen, auf denen du nicht zusammen mit Klaus Gräske Hunderte von Teilnehmerinnen zum Singen und Klingen brachtest.

Und dann denke ich, Franz, an die Fahrten, die du als Chef der Caritaskindergärten für uns Erzieherinnen organisiert hast. Da fuhren wir mal mit zwei Bussen zu einer Alm. Die Rückfahrt des zweiten Busses verzögerte sich. Du hast für alle Sitzengebliebenen einen Schnaps ausgegeben. Da war mein erster Gedanke: „Der Chef kann kein schlechter sein, mit dem man Schnaps trinken kann." Also, diese Respektsperson, die du warst, hat eine sehr menschliche Dimension gezeigt.

6.
Die Zeit mit Schwester Esther Kaufmann

Wie kam es zum ersten Kontakt zwischen euch beiden?
Ich begegnete Schwester Esther zum ersten Mal auf einer Fortbildung, die ich als Referatsleiter im Kindergartenreferat des Caritasverbandes für Erzieherinnen hielt. Schwester Esther arbeitete in einem kirchlichen Kindergarten in Karlsfeld, im Norden Münchens, nicht weit weg von meinem Wohnort Gröbenzell. Sie fiel mir durch ihre Offenheit, Neugierde, durch eine große Intuition für das Kind auf, und sie war auf der Suche nach Neuem. Als ich die Erzieherinnen auf diesem Kurs ihre Kinder- und Jugenderlebnisse malen ließ, zeichnete sie sich, am Lagerfeuer sitzend, mitten in einem Wald. Das Bild gefiel mir sofort. Wir kamen in Kontakt. Ich besuchte sie in ihrem Kindergarten und sah sie in ihrer beeindruckenden Arbeit. Das Neue für mich war die Gestaltung von Bodenbildern. Ein weiteres, was mir sehr entsprach, war ihr Umgang mit den Kindern, der sehr von Beziehung, von Achtsamkeit, dem Dazwischen also, geprägt war. Nach weiteren Besuchen bekundete ich ihr mein Interesse, ob sie nicht mit mir zusammenarbeiten wolle. Damit begannen Jahre eines sehr fruchtbaren Miteinanders, einer Ergänzung der männlichen durch die weibliche Seite und umgekehrt. Es konnte entstehen, was dann unter dem Titel „Religionspädagogische Praxis" große Verbreitung fand.

Ihr habt dann begonnen, Kurse miteinander zu halten. Kannst du was von eueren unterschiedlichen Anteilen dabei sagen?

Gemeinsame Fortbildungen zu veranstalten, war zunächst kompliziert. Schwester Esther war gebunden durch ihre Arbeit im Kindergarten und ich musste immer auch in ihrem Orden nachfragen, ob sie mitfahren darf. Es waren dann aber doch sechs oder sieben Veranstaltungen im Jahr, die wir gemeinsam hielten. War ihr Anteil dabei die Bildgestaltung und Beziehungsarbeit, so habe ich sehr gerne Geschichten erzählt und versucht, die Struktur einer Einheit, die sie Anschauung nannte, zu reflektieren und in Worte zu fassen, gleichsam eine Theorie zu entwickeln.

Kannst du das Entstehen dessen, was in der Vierteljahreszeitschrift „Religionspädagogische Praxis" veröffentlicht wurde, noch weiter präzisieren?

Wir waren jedenfalls beide von der Arbeit, die wir gemeinsam leisteten, fasziniert und überzeugt. Wir spürten, dass sie neben den bereits genannten Konzeptionen von Professor Hofmeier und Willi Quadflieg gut bestehen konnte. Ich glaube auch, unsere gemeinsame Arbeit hatte für jeden von uns eine therapeutische Note. Jeder verband sie mit der Entdeckung seiner eigenen Identität. Die Arbeit wurde aber dann auch, zunächst noch unbewusst, von der Frage überschattet, wer von wem etwas übernommen hat, wer der eigentliche Begründer dieser Pädagogik ist. Ich möchte diese Pädagogik als ein gemeinsames Kind bezeichnen, das eine Mutter, wie einen Vater hat. Es wurde gezeugt und geboren im Austausch gegenseitiger Erfahrungen und im Einbringen der jeweilig persönlichen Note.

Warum waren Bodenbilder für dich so wichtig?

Ich spürte sehr rasch, dass im Bildgestalten in kleinen wie großen Menschen Schichten angesprochen werden, die durch eine rein kognitiv- verbale- Kommunikation nicht zu erreichen sind. Romano Guardini beschreibt diese Wirksamkeit in Bezug auf den christlichen Glauben mit den Worten: „In mancherlei Weise können die Geheimnisse des Heils und die Hoffnungen ewigen Lebens ausgesprochen werden. Durch den Ruf der Verkündigung, die Gebote der Weisung, die Begriffe der Theologie. Das lebendigste wird in Bildern gesagt. Das bedeutet nicht, es geschehe dann ungenau oder spielerisch. Bilder sind zuverlässig, aber in ihrer eigenen Weise. Man darf sie nicht in Begriffe überführen wollen, sondern muss mit ihnen so umgehen, wie sie es verlangen: Schauen, Fühlen", – ich möchte Gestalten hinzufügen, – „in ihnen leben. Dann kommt auch etwas zu seinem Recht, was zu dem Innersten unseres Menschenwesens gehört, dass nämlich Sprache nur eine Seite von etwas Umfassenderen ist, dessen andere Seite Schweigen heißt. Der Mensch bedarf der Wahrheit, er lebt von ihr, wie er von Speise und Trank lebt. Ihrer wird er mächtig, indem er sie im Wort mitteilbar macht, aber auch indem er sie durch Schweigen füllt."

GESTALTUNG EINES ADVENTMANDALAS IN DER EIGENEN FAMILIE

Findest du, auf dein früheres Leben zurückschauend, bezüglich deiner Kindheit, die Guardini-Worte bestätigt?

Ich muss da etwas weiter ausholen. Die ganze reale Welt hat Bild-, Gestaltqualität: ein Stern, eine Blume, ein Baum, ein Mensch. Wir könnten fragen, was drückt sich im Bild aus. Eben das Stern-, Blumen-, Baum-, Menschenhafte, also Wesentliches. Auch was sich in unserer Innenwelt vollzieht, hat seine Bilder.

Als meine Großmutter im Sterben lag, sprach sie zu meiner Mutter den rätselhaften Satz: „Gustl, ich bin wieder in Landshut, in der Grasgasse." Es hat sich mir erst später der Sinngehalt dieser Worte erschlossen. Meine Grossmutter, ein lediges Kind, wohnte bis zum sechsten Lebensjahr bei ihrer Mutter in der besagten Gasse. Mit der Einschulung musste sie aus dem Haus und kam in ein Internat. Vor ihrem Tod kehrte sie in ihrer inneren Vorstellung in das Zuhause ihrer Kindheit, zu ihrer Mutter, zurück. Was für ein Bild für Beheimatung und Geborgenheit im Angesicht des bevorstehenden Todes! Als Jesus seinen Jüngern auf dem Weg nach Jerusalem von seinem kommenden Tod erzählte und damit Entsetzen auslöste, tröstete er sie mit den Worten: „Mein Vater im Himmel hat viele Wohnungen. Ich gehe voraus, um sie für euch zu bereiten."

Ich selber trage in mir solche prägende Erinnerungsbilder: mein Elternhaus mit den Lichtstreifen, die die Abendsonne durch die Fensterläden auf die Wand zeichnete; das Wochenendhaus, wo mich mein Vater in eine warme Decke wickelte; Abende am Lagerfeuer und Nächte im Zelt, in dem ich mich vor Wind und Regen geschützt fühlte; ein großer Stein, mit dem ich mich eins wusste. Dann aber auch dunkle Bilder, der Leichenzug vor meinem Zimmer im Krankenhaus; ausgemergelte Gestalten aus dem KZ Dachau, die an unserem Haus vorbeizogen und anderes mehr.

In unseren Bodenbildern fließen äußere und innere Realität zusammen. Wir schauen das Leben als Licht und Schatten, als Werden und Vergehen. Im Vertrauen darauf und wohl auch aus der Erfahrung, dass das Licht stärker als die Dunkelheit und das Leben stärker als der Tod sind und dass es die Liebe ist, die als letzter und tiefster Seinsgrund alles bewirkt, werden die Bilder zu Heilungsbildern. Aus diesem Verständnis heraus gilt es, Kinder sowohl im Gestalten von Bildern wie auch zu ihrer Deutung anzuleiten.

In wie weit sind die Bodenbilder in deiner Pädagogik mit Mandalas zu vergleichen?

Sie haben Mandalacharakter, gerade durch die Integration unterschiedlicher Aspekte zu einer Sinngestalt. Dazu kommt bei unseren Bildern der Prozess dazu, in dem sie gestaltet werden. Mich hat ein Film aus Tibet sehr beeindruckt. Er zeigte Mönche, die mittels Farbstoffen und Butter Himmel und Erde in Eins brachten. Während ein Teil der Mönche am Bild arbeitete, begleitet der andere Teil das Gestalten mit Instrumenten. Es bedurfte mehrerer Tage und hoher Konzentration, bis das Bild vollendet war. Es war ein Prozess, in dem Menschen versuchten, den inneren Zusammenhang der Wirklichkeit sich bewusst zu machen und zwar in einer Art Nachvollzug und unter persönlichem Einbezug. In der Bildgestaltung vertieften die Mönche ihre Weltanschauung. Sie vergewisserten sich ihrer. Sie waren im Bilde, im wörtlichen, wie im übertragenen Sinne. Ähnliches versuchen wir mit unserem Bildgestalten zu vermitteln.

Kannst du diese deine Erkenntnis in einem von dir gestalteten Bild darstellen?

Im unserem Jahrbuch 2015 findet sich die biblische Geschichte vom Barmherzigen Vater. Die Geschichte beschreibt, wie es einem Gleichnis eigen ist, in sehr konkreter, bildhafter Weise einen Prozess unserer Innenwelt. Wir bringen diesen inneren Prozess folgendermaßen in Bild und Erfahrung: Wir gestalten die Erde, auf der wir leben. Zwei Häuser, eines hell, das andere dunkel, liegen

BILDGESTALTUNG ZUM GLEICHNIS DES BARMHERZIGEN VATERS

sich gegenüber. Ein Weg in Farbabstufungen von Hell ins Dunkle und so auch wieder zurück, verbindet die Häuser. Eine Teilnehmerin geht den Weg vom Hellen ins Dunkle und zurück. Sie drückt körperhaft die Empfindungen aus, die das Abgehen des Weges in ihr auslösen. Der Vorgang findet auch in passenden Instrumenten seine Verklanglichung. Zur Sprache des Bodenbildes kommen also noch die Körper- und Klangsprache. Dieser Gesamtprozess löst in allen Beteiligten Vorstellungen aus. Eigene Lebenserfahrungen kommen zur Sprache. Auf der Basis dieses Tuns wird die Geschichte vom barmherzigen Vater erzählt. Die heilende Kraft der Geschichte liegt darin, dass auch Dunkelheit und Entfremdung Sinn haben können. Sie führen zur Einsicht, wer wir wirklich sind und wo wir unser wahres Zuhause haben und dass Umkehr möglich ist.

Würdest du sagen, dass jeder Mensch die Fähigkeit mitbringt, sich von Bildern ansprechen zu lassen, oder anders gesagt, dass sich diese Fähigkeit auch erlernen lässt?

Ich glaube, dass die Fähigkeit jedem Menschen mehr oder weniger zu eigen ist, dass man sie sowohl verlieren als auch wieder gewinnen kann. Ein kleines Kind wird das Bild ganz naiv verstehen, ohne Rückbindung an eigene Erlebnisse. Ein sehr rational ausgerichteter Mensch wird sich schwer tun, da er in seinen Überlegungen ständig analysiert und zergliedert. Es bedarf eines von Herzen motivierten Schauens, der Kontemplation.

Die fruchtbare Zusammenarbeit mit Schwester Esther fand einmal ihr Ende. Wie kam es dazu?

Ich glaube, es war ein schleichender Prozess und eine Entscheidung wird meist aus einem ganzen Bündel von Motiven getroffen, wobei wir uns immer wieder ertappen, weniger vorteilhafte Motivationen uns selber nicht einzugestehen und sie natürlich auch nicht der Öffentlichkeit darzulegen. Die Entfremdung begann, als Schwester Esther in den Orden der Schwestern vom Gemeinsamen Leben übertrat, was mit einem Wegzug aus München verbunden war. Schwester Esther konnte P. Dr. Meinulf Blechschmidt aus dem Augustinerorden der Brüder des Gemeinsamen Lebens für ihre Arbeit gewinnen. Der räumliche Abstand, Gröbenzell – Maria Bronnen im Schwarzwald, erschwerte die Zusammenarbeit mit mir. Dazu kamen auch mehr und mehr unterschiedliche Intentionen in Bezug auf die Entwicklung unserer Pädagogik. Schwester Esther und P. Meinulf waren Ordensleute. Ihre Hauptmotivation war die Glaubensverkündigung. Mich bewegten, aus meinem Lehrerdasein verständlich, mehr anthropologisch-pädagogische Überlegungen. Es stand die Frage der Ausbildung von Multiplikatoren in unserer Pädagogik an, wir konnten uns aber darin nicht einigen. Zwei bereits festgelegte Kurse wurden kurzfristig abgesagt.
Schwester Esther und P. Meinulf waren inzwischen nach Spabrücken bei Bingen in die Diözese Trier übergesiedelt. P. Meinulf wurde dort Gemeindepfarrer, Schwester Esther und weitere Mitschwestern unterstützten ihn bei dieser Arbeit. Die Pädagogik fand hier nun noch mehr Eingang in die Gemeindearbeit. Es entstanden Veröffentlichungen

zur Kommunion- und Firmvorbereitung. Die Zusammenarbeit zwischen Schwester Esther und mir schwächte sich immer mehr ab. Ich kam zwar noch einmal jährlich nach Spabrücken, um die Themen unserer Vierteljahreszeitschrift zu besprechen, aber auch dieses Miteinander wurde schwieriger und 2001 kündigten Sr. Esther und Pater Meinulf ihre Mitarbeit in der Schriftleitung der Religionspädagogischen Praxis auf.
Ich möchte noch hinzufügen, dass zweimal Kolleginnen und Kollegen aus dem Münchner Team, das sich inzwischen gebildet hatte, auf Kursen in Spabrücken teilnahmen. Mein Anliegen war es, dass sie Schwester Esther und ihre herausragende Arbeit kennenlernen. Aber auch auf diesen Treffen waren die Spannungen nicht zu übersehen.

Es ist eigentlich schade, dass so ein guter Anfang auf diese Weise zu Ende kam.

Ja, es war für mich eine schmerzliche Erfahrung. Ich trage aber in mir von der von uns beiden entwickelten Pädagogik ein schönes Bild. Es gibt da einen großen, tiefverankerten Wurzelstock, aus dem zwei Bäume gewachsen sind. Unter ihrem Schatten können sich unterschiedliche Menschen versammeln. Die einen suchen Wege zur Glaubensverkündigung, andere brauchen Impulse zu einer ganzheitlichen Erziehung und Bildung. Ich bin für die Begegnung mit Schwester Esther und die von ihr ausgegangenen Impulse sehr dankbar.

Fröhliches Kursende in den 80. und 90. Jahren

MIT FRAU GERTRAUD

7.
Weggefährten durchs Leben

Du hast in einigen Beispielen schon deine Kinder und Enkelkinder erwähnt. Kannst du uns noch mehr von deiner Familie erzählen?

Ja, ich möchte es aber sehr behutsam tun, meine Frau hat mich darum gebeten. Wir haben uns vor fünfzig Jahren über die Arbeit in der Pfarrei kennengelernt, auch über das gemeinsame Studium an der Pädagogischen Hochschule. Einer kurzen Verlobungszeit folgte die Heirat. Es wurden aus unserer Beziehung vier Kinder geboren. Sie leben heute selber in Partnerschaften. Zwei Töchter arbeiten als Sozialpädagoginnen, ein Sohn als Psychotherapeut für Kinder und Jugendliche und einer selbständig als Bauzeichner. Wir erfreuen uns unsere neun Enkelkinder.

Spannungen in meiner Familie brachen auf, als sich mein Arbeitsfeld veränderte und sich, sicher auch bedingt durch meine Person, immer mehr Außenkontakte ergaben. Meine Außengerichtetheit stand im Kontrast zu der von meiner Frau erwünschten zeitlichen, wie emotionalen Zugewandtheit zur eigenen Familie. Rückblickend muss ich gestehen, ich bin diesem berechtigten Wunsch nicht gerecht geworden. Das erfüllt mich heute mit Trauer.

Meine Frau wurde so das Zentrum der Familie. Als unser drittes Kind, unsere Tochter Cornelia geboren wurde, verabschiedete sich meine Frau aus dem Schuldienst, um sich ganz der Familie widmen zu können. Sie hat praktisch vieles von dem verwirklicht, was ich auf Fortbildungen zu vermitteln suchte und doch zu Hause zu kurz kommen ließ.

„Ich werdend spreche ich du", lautet ein Kernsatz von Martin Buber. Ich versuche immer noch, der zu werden, der ich sein soll. Ich weiß, es geschieht nur in Offenheit, Achtsamkeit, Fürsorge gegenüber einem Du. Mein Bestreben ist, nachzuholen, was ich in früheren Jahren gegenüber meiner Familie als unmittelbarem Du versäumt habe. Meiner Frau möchte ich aber aufrichtig danken für ihr Dasein in der Familie.

Was lehrte dich dein Leben in der Familie?

Die Erziehung meiner Kinder ließ mich sehr weit werden. Ich entdeckte in mir viele enge Lebensvorstellungen aus meiner eigenen Kinder- und Jugendzeit, von denen ich unbewusst noch festgehalten und geleitet wurde. Davon galt es, Abschied zu nehmen.
In dieser Weitung, hoffe ich, wurde der Raum geschaffen, dass jedes meiner Kinder den ihm eigenen Platz im Leben

BEIM FEIERN

finden konnte und das bis auf den heutigen Tag. Meine Frau und ich begleiten ihren und der Enkel Lebensweg täglich im guten Gedenken, im Gebet und, besonders meine Frau, in tätiger Hilfe.
In Familienfesten feiern wir, was uns zusammenbrachte und zusammenhält. Dabei erweist sich meine Frau als der eigentliche Mittelpunkt unserer Familie.

Wenn ich an deine Mitarbeiter denke, könnte man auch von einer großen Familie sprechen.

Ja, es ist in der Tat eine beachtliche Familie geworden. Aber gehen wir einmal langsam vor. Ich hoffe, dass ich niemanden vergesse. Nach drei Jahren Arbeit im Caritasverband der Diözese und nach einem endgültigen Ausscheiden aus dem bayerischen Staatsdienst wechselte ich in das Schulreferat der Diözese über und wurde kirchlicher Angestellter. Ich hatte in den Herren Prälaten

MIT PFARRER ELMAR GRUBER

Hubert Fischer und Ernst Blöckl äußerst wohlwollende Vorgesetzte. Einen besonderen Fürsprecher fand ich in Pfarrer Elmar Gruber, dem Münchner Lehrerseelsorger. Wir arbeiteten mehrmals in Katechetischen Werkwochen zusammen. Elmar wurde mir zu einem guten Freund. Er öffnete mir die Augen für die Symboldidaktik und für elementare Sprache.

Die genannten Personen schätzten meine Arbeit sehr. Ich konnte mir ein Team von mehreren Mitarbeitern bilden. Da steht an erster Stelle Frau Margot Eder, die ich in der Vorbereitung auf den Katholikentag 1984 in München kennenlernen durfte. Sie übernahm dann auch mit meiner Pensionierung die Leitung meiner Dienststelle. Weitere Kolleginnen und Kollegen kamen hinzu: Hanni Neubauer, Schwester Edigna Menhardt, Monika Mehringer, Christine Krammer, Walter Liehmann und Klaus Gräske.

Dein enger Mitarbeiterkreis hat sich erweitert?

Die Pädagogik hatte sich inzwischen auch in Bayern ausgebreitet. Mir war es möglich, sie auf Konferenzen für Religionslehrer an bayerischen Fachakademien für Sozialpädagogik vorzutragen. Ich lernte Winfried Seipolt kennen, Schwester Dr. Theodora Fischer aus Würzburg, Schwester Imelda Huf und Schwester Charis Bauer aus Augsburg. Aus dem Kindergartenbereich möchte ich vor allem Frau Rosemarie Guggenmoos nennen. Sie war Leiterin eines Kindergartens in Lindau und zugleich Psychotherapeutin. Aus dem Schulbereich wurde Frau Rektorin Elisabeth Gassner unsere Weggefährtin.

Das Geschäftliche des 1978 gegründeten RPA-Verlag wickelten Herr Alois Kindl und seine Frau Irmengard ab. Die Grafik in den Heften der Religionspädagogischen Praxis verfertigte eine ehemalige Schülerin von mir, Frau Monika Molnar. An der Fachakademie des Caritasverbandes München fand ich bei meinem Ausscheiden in Herrn Martin Schneider einen sehr geeigneten Nachfolger. Er war es auch, der es als erster unternahm, die Theorie unserer Pädagogik kompakt in einem Buch mit dem Titel „Religionspädagogische Praxis als Weg ganzheitlicher Erziehung" darzustellen.

Herrn Pfarrer Hans Fischer aus der Diözese Augsburg und seine Gemeindereferentin Frau Elisabeth Wiedemann möchte ich noch nennen. Sie veröffentlichten im RPA-Verlag ihre Kindergottesdienste und stellten Bildermappen zum Alten und Neuen Testament vor.

Und dann kam noch ein weiterer Radius dazu.

Ja, es war wirklich ein Aufbruch. Mein Münchner Team und ich wurden in die verschiedenen Bundesländer Deutschlands eingeladen. Darüber hinaus in die Schweiz, nach Österreich, Südtirol. Neue Mitstreiter konnten gefunden werden: Pfarrer Werner Ropohl aus Hildesheim, Pfarrer Franz Decker, Fra Maria Steinfort, Herr Wigbert Spinrath und Herr Markus Schlüter aus Köln, Herr Thomas Brunnhuber aus der Diözese Regensburg, Dr. Robert Koczy aus Lauda. Er wurde für mich zu einer besonders großen Stütze. Er verfasste mit mir die Theorie unserer Pädagogik unter dem Titel „Die Religionspädagogische Praxis: Ein Weg der Menschenbildung". Frau Dr. Angela

MITGLIEDER DES INSTITUTS BEI DER FACHTAGUNG IN FREISING

DIE SCHWESTERN BERTHILDE UND LAURENTIA (LINKS) UND SCHWESTERN ANIMA UND OH-SONG (RECHTS)

Beiküfner, evangelische Pastorin, vertritt unsere Pädagogik am Pädagogisch-Theologischen Institut der Evangelischen Kirche in Mitteldeutschland. In Hamburg sind es die Diakonin Patricia von Massenbach-Wahl und Herr Jens Ehebrecht-Zumsande.
In Österreich vertrat der leider schon verstorbene Pfarrer Ludwig Wöss aus Walding bei Linz unseren Ansatz. Heute sind es vor allem Mag. Raimund Wolf und Frau Beate Spöck aus der Diözese Innsbruck, Frau Hannerose Koch-Holzer aus Feldkirch, Frau Renate Berger aus Wien, Frau Petra Ostermann aus der Steiermark, Frau Anita Würkner aus dem Burgenland und Frau Anneliese Marresch aus Salzburg. Aus Südtirol darf ich Frau Marianne Bauer nennen, Direktorin der Kindergartendirektion Schlanders und Frau Gerda Greis-Flöss als Katechetin. Aus der Schweiz Herrn Christian Pfeiffer, Frau Esther Äschlimann und Frau Katharina Wagner. In Tschechien kamen Pater Dr. Cyril Havel und Frau Dr. Eva Muronova dazu. In Südkorea sind es die Sisters of Notredame Berthilde, Anima, Oh-song und Laurentia.

TeilnehmerInnen eines Sommerkurses in Steinerskirchen

Je größer die Familie wird, desto mehr Spannungen können entstehen.

Das kann wohl geschehen. Kleinere Auseinandersetzungen gibt es überall. Im Großen und Ganzen sind wir doch so etwas wie ein Herz und eine Seele. Es war allerdings nötig, der Familie Strukturen zu verleihen. Es kam 2007 zur Gründung eines Instituts für ganzheitlich sinnorientierte Pädagogik mit Partnerinstituten in Tschechien und Korea. Auf den jährlichen Jahrestagungen empfinde ich großen Zusammenhalt, Freude über Wiedersehen, gemeinsames Bemühen um die Weiterentwicklung der Pädagogik. Wenn wir zusammen feiern und beten, kommt das Gefühl auf, wir seien so etwas wie ein guter Orden, ein Laienorden.

Und wie steht es mit dem Widerstand von außen?

Unsere Pädagogik wurde inzwischen auch im Wissenschaftsbereich wahrgenommen. Und da regte sich Wider-

stand. Dass etwas Neues aus der Praxis wächst und nicht an Professorentischen, ist etwas ungewöhnlich. Ich war zunächst verunsichert und bin jetzt sehr dankbar, denn wir waren genötigt, uns noch mehr mit der Theorie unserer Pädagogik auseinanderzusetzen. Herr Martin Schneider und Herr Robert Koczy leisteten dazu große Hilfe.
Unser Institut legt auf eine wissenschaftliche Auseinandersetzung Wert. So werden regelmäßig auf die Institutstagungen Vertreter der Wissenschaft eingeladen. Ich darf nennen Prof. Dr. Reinhold Boschki, Prof. Dr. Martin Jäggle, Prof. Dr. Hubertus Halbfas, Prof. Dr. Helga Kohler-Spiegel und Prof. Dr. Anna-Katharina Szagun.
Es trifft aber auch zu, dass nach einer gewissen Euphorie für unsere Pädagogik Ernüchterung eintrat. Einen Grund dafür sehe ich in einer ihr nicht gerecht werdenden Vermittlung. Wenn sie nur als äußere Methode und nicht als innerer Weg weitergetragen wird, kann es schon schief gehen. Ein anderer Grund mag in Machtstrukturen liegen, die auch unseren Kirchen nicht fremd sind. Es geht hier, wie schon gesagt, um Motivationen der wenig feineren Art. Von unserem relativ großen Team, das in der Erzdiözese München-Freising im Fachbereich Elementarpädagogik arbeitete, sind allein Frau Margot Eder und Frau Monika Mehringer übriggeblieben. Damit soll dieses Kapitel abgeschlossen sein.

Du lebst aber doch in München weiter.

Ja, einmal durch Veranstaltungen, wozu mich Kindergartenteams und Bildungswerke einladen und vor allem durch eine Institution, die wir Münchner Team nennen. Es ist dies ein ganz feiner Kreis, für den uns Margot Eder auch die Räumlichkeit ermöglicht. Zu dieser Runde zählen neben Margot Hanni Neubauer, die wir gerne als unsere Mutter bezeichnen, Eva Fiedler aus Unterfranken, Margit Kaiser und Antje Buggisch aus Mittelfranken, Kerstin Lermer und Andrea Alt aus der Oberpfalz, Susanne Kopp aus Baden-Württemberg, Georg Batzer aus dem

Schwabenland, Monika Maier vom Starnbergersee und Raimund Wolf aus Telfs bei Innsbruck. Wie es schon die Landschaftsbezeichnungen andeuten, scheuen manche Teilnehmer weder Zeit noch Kosten, um in München monatlich zusammenzukommen.

Ein Morgenlob eröffnet unsere Runde. Neue Einheiten werden vorgestellt und von der Gruppe begutachtet. Das Treffen ist so etwas wie eine Werkstätte unserer Pädagogik. Das gemeinsame Essen, das immer ein Teilnehmer vorbereitet, darf nicht fehlen. Wir tauschen unsere Gedanken über politische und kirchliche Vorgänge und dem damit verbundenen Frust aus. Wir teilen Freude und Leid und fühlen uns als lebendige Kirche.

Freude über Anerkennung nach einem gelungenen Kurs in Brünn, Tschechien

BILD: FRITZ MAIER

8.
Singend und gestaltend unterwegs

Der Karikaturist Fritz Maier hat wohl das Besondere deines Unterwegsseins getroffen.

Mir gefällt das Bild sehr gut. Ich habe es zu meinem 65. Geburtstag und zum Abschied meines offiziellen Arbeitslebens erhalten. Manche hatten sich dabei gedacht, jetzt hört er endlich auf!

Ich meine, dann hat es erst richtig begonnen.

Du hast Recht. Ich denke, ich war nach meiner Pensionierung bis zum heutigen Tage wohl ein Drittel jeden Jahres auf Achse. Ich weiß nicht die Zahl der abgehaltenen Kurse und kenne nicht die Zahl der Teilnehmer, aber es sind viele.

Dieses Reisen war wohl mit vielen Strapazen verbunden?

Ganz sicherlich. Ich würde gerne wissen, wieviel Tonnen an Material ich in diversen Pfarrheimen und Bildungshäusern treppauf, treppab geschleppt habe. Nach Kursende haben mir die Teilnehmer jedoch zumeist geholfen. Ich habe immer Kursleiter beneidet, die als Arbeitsmittel nur eine Aktentasche mit Laptop brauchten und diese werden sich über meinen Aufzug gewundert haben.

War denn immer so viel Arbeitsmaterial für dich nötig?

Ich hatte jeweils für einen Kurs eine vage Vorstellung, was die Thematik anbetrifft, wusste aber doch nicht so recht, wie sich alles entwickeln wird. Ich bin sehr abhängig von der Situation und Atmosphäre, die ich in einer Gruppe vorfinde und es kann sein, dass ich plötzlich ganz anders beginne, als gedacht. Darunter litten und leiden heute noch Kolleginnen und Kollegen, die mit mir Kurse gestalten. Ich habe mit dieser meiner Eigenart bei ihnen schon manchen Ärger verursacht. Aus der Ungewissheit, was ich alles brauchen werde, bringe ich dann oft viel mehr Material mit, als nötig ist.

Aber jetzt musst du schon was sagen, warum Material in deiner Pädagogik wichtig ist.

Ich glaube, es hängt mit der schöpferischen Seite des Menschen zusammen, deren Entfaltung in unserer Pädagogik sehr bedeutend ist. Gott, so lesen wir, gestaltete am Anfang die Schöpfung aus dem Nichts. Wir, als Bild und Gleichnis Gottes, sind auch schöpferisch. Dabei finden wir das Gestaltungsmaterial bereits vor: Erde, Steine, Holz, Wasser usw. Im Werken, Bauen, im kreativen Prozess des Gestaltens erfahren wir uns als Erfinder, Techniker, Künstler, als eben das, was wir Menschen sind, Bild und Gleichnis Gottes. Kinder bauen im Sand Höhlen, Schlösser. Sie legen Landschaften an, sind kleine Weltgestalter. In diesem Tun entfalten sich bei ihnen viele Kräfte. Sie lernen, dass es Zeit braucht, bis etwas gelingt. Ist dann etwas vollendet, erfüllt sie dies mit Genugtuung und Zufriedenheit. Ich habe immer wieder erleben dürfen, wie Kinder nach Fertigstellung ihres Werkes besonnen vor ihrem Bild sitzen, ganz bei sich sind. Sie ruhen aus, so wie Gott es nach dem biblischen Bericht am siebten Tage tat. Ich glaube, es gilt auch immer noch der alte Grundsatz, dass ein beschäftigtes Kind ein „braves" Kind ist. Findet die Gestaltungskraft des Menschen keinen Bereich, sich auszuwirken, kommt es oft zu Aggressionen.

MATERIAL ZUM GESTALTEN

Welches Material verwendest du so im Allgemeinen und im Besonderen?

In Naturmaterialien wie Tonerde, Steinen, Muscheln, Schneckenhäusern, Federn, Flechten, Hölzern, Zapfen und Früchten aller Art entdecken die Kinder ganz ursprüngliche Gestaltungselemente. Mit der Gestaltung auf dem Boden kommen sie mit der Erde in direkten Kontakt. Sie erfüllen spielerisch den Auftrag Gottes, die Erde zu bebauen und zu gestalten. In Ergänzung dazu verwenden wir Fröbelmaterial, also bunte Holzteilchen in verschiedenen geometrischen Formen. Knöpfe, Perlen, Christbaumketten, bunte Schnüre. Filzteilchen und dergleichen mehr kommen dazu. Das uns eigene Gestaltungsmaterial sind farbige Tücher in unterschiedlicher Qualität, feste Tücher aus Fahnenstoff, leichte Baumwolltücher, Chiffontücher, ferner farbige Schnüre. Sie haben die Funktion, wie sie beim Malen dem Farbkasten zukommt. Es kommt durch sie die Farbsymbolik zum Tragen. Sie ermöglichen ferner in der Bildgestaltung Plastizität, gleichsam eine dritte Dimension. Sie stellen auf jeden Fall für das Kind sehr Handgreifliches dar und sind für rasche Veränderungen offen. Sie können auch bei Verkleidungsspielen Verwendung finden.

Gibt es nicht so etwas wie eine Grundstruktur für einen Fortbildungstag und was ist dir dabei sehr wichtig?

Am Anfang einer Fortbildung bedenken wir stets Grundbefindlichkeiten unseres Lebens, wie: Ich trete ein. Ich suche einen Platz. Ich bin da, zusammen mit anderen, um eine Mitte. Ich öffne meine Sinne: Augen, Ohren, Nase, Mund, Hände, Herz. Ich trete in Beziehung. Was Menschen vielfach unbedacht tun, wird ins Bewusstsein gehoben. Erst, wenn wir mit Herz, Hand und Verstand, also mit unserer ganzen Person angekommen sind, kann man sich effektiv einer besonderen Thematik zuwenden. Über diese Grundübungen vermag sich auch eine gute Atmosphäre einzustellen, das gute Klima, das ein Miteinander fruchtbar macht.

Du singst am Beginn eines Kurses gerne und ermunterst uns Kursleiter zu gleichem Tun.

Ignatius von Antiochien, ein Heiliger des dritten nachchristlichen Jahrhunderts fordert uns auf: „Nehmt Gottes Melodie in euch auf!" Vom Dichter Eichendorff wird der Vers überliefert: „Es liegt ein Lied in allen Dingen, die da träumen fort und fort und die Welt hebt an zu singen, triffst du nur das Zauberwort." Man spricht von Sphärenmusik, dass die ganze Schöpfung Gesang sei. Der Mensch vermag bewusst zu singen, was Wind, Feuer und Wasser, jeder Baum, ein Vogel in dem ihnen eigenen Lied tun. Mir gefällt diese Vorstellung und ich erlebe es immer als etwas, was die Gemeinschaft fördert, wenn wir uns als Gruppe auf einem Ton zusammenfinden und mit ihm den ganzen Raum ausfüllen. Das Dazwischen wird hörbar. Im Singen partizipieren wir an gemeinsamen menschlichen Empfindungen: Liebe, Leid, Angst, Zorn, Verzweiflung, Dankbarkeit, Freude, Lebenslust, Trauer und dies mit Leib und Seele. Wir kommen ins Klingen und Schwingen. Ich erlebe auch, wie Daseinsfreude bei Kindern schon verschüttet sein kann und wie gemeinsames Singen dieser Freude wieder Raum schafft.

Mit einem wunderbaren Lied meiner Kollegin aus der Steiermark, Frau Petra Ostermann, ist mir dies oftmals gelungen.

Hast du schon entdeckt
Petra Ostermann

Ich hab jetzt entdeckt,
was in mir steckt!
Es ist ein großer Schatz,
Er hat in meinem Herzen Platz.
Ja, das bin ich.
Ja, das bin ich.

Rechte bei Petra Ostermann, Hartberg (A)

Du übernimmst ja nicht nur Lieder, sondern textest und komponierst selbst welche.

Es sind wohl über fünfhundert Lieder. Viele davon entstanden, wenn ich im Auto zu Kursen unterwegs war. Mir ging es darum, dem Leben, dem Miteinander, der Schöpfung über die Sprache hinaus Ton zu geben. Manche Lieder sind, wie bereits gesagt, mehr Ausrufe, ein Sprechgesang. Sie begleiten und verdichten unser Handeln, deuten es auch. Von meinen vielen Liedern hat auch eines im neuen Gotteslob Eingang gefunden, nicht in München, aber in anderen Diözesen. Ich finde es auch als mein Schönstes.

Gott ist ganz leise
Franz Kett

Gott ist das Licht. Soll es dir leuchten,
schaue in dich, wie Maria es tat.
Vielleicht spürst du dann die Botschaft des Engels:
Du bist voll Gnade, der Herr ist mit dir.

Gott ist die Liebe. Willst du sie spüren,
öffne dein Herz, wie Maria es tat.
Vielleicht spürst du dann die Botschaft des Engels:
Du bist voll Gnade, der Herr ist mit dir.

Rechte bei RPA-Verlag Landshut

Die Beschäftigung mit einem Thema wird in deiner Pädagogik vielfach Anschauung genannt. Wie gehst du da vor?

Voraussetzung, mit Kindern zu arbeiten, ist die Präsenz der Gruppe, ihre Offenheit und ihre Bereitschaft zur Mitarbeit. Es gilt die Gruppe einzustimmen ähnlich einem Instrument, auf dem dann gespielt werden soll. Den Prozess, in dem wir uns mit einer Thematik beschäftigen, nennen wir nach Schwester Esther Anschauung. Dabei wird dem Rechnung getragen, dass wir Dinge immer auch in ihrer Tiefendimension, in ihrer Aussage für unser eigenes Leben schauen wollen. Gegenstand einer Anschauung kann alles sein: Erde, Wasser, Feuer, Luft, ein Stein, eine Blume, eine Schale, ein Krug, eine Kerze, aber auch eine unserer Befindlichkeiten, wie z. B. ich bin da, ich bin unterwegs und vieles mehr.

Damit sind wir wiederum bei etwas sehr Wesentlichem deiner Pädagogik angelangt. Du versuchst in der Begegnung mit einer äußeren Wirklichkeit diese auch immer als Sinnbild für unser Inneres und letztendlich für das Innerste alles Inneren, für Gott, deutlich zu machen.

Ja, das meint eine ganzheitlich, sinnorientierte Pädagogik. Es geht um eine horizontale und vertikale Sichtweise. Die horizontale Perspektive befasst sich mehr mit dem Anschauungsobjekt, seiner Gestalt, seiner Qualität, seinem Gebrauchswert. Die vertikale Perspektive dagegen sucht neben dem Fassbaren etwas nicht Fassbares, also nicht das Vordergründige, sondern das Hintergründige. Wahrnehmen geht in Schauen über. Voraussetzung dafür ist: eine zunächst in Gebrauch nehmende Wahrnehmung verbindet sich mit einem offenen, liebenden und wertschätzenden Blick. Zum aktiven Umgang kommt ein passives sich Anmutenlassen. Aus einem sachlichen ES wird ein berührendes DU. Jetzt kann das Lied in den Dingen gehört werden. Diese Begegnungsweise mit der Welt ist kontemplativer Art. Sie ist in der Erziehungswirklichkeit vielfach vernachlässigt. Sie bedarf der Einübung.

Was sind die Voraussetzungen für kontemplatives Schauen?

Um sich von etwas anrühren zu lassen, ist Gelassenheit Voraussetzung. Dazu kommt die Art des Umgangs mit dem, was sich uns in seiner Tiefe erschließen soll. In unserer Pädagogik üben wir unentwegt den achtsamen Umgang im Miteinander, mit den Dingen, mit der Welt. Wir üben uns ein im Empfangen. Kinder nehmen sich nicht einen Gegenstand, der im Kreis weitergegeben wird, sondern bekommen ihn auf ihren „Tisch", in die offenen Hände gelegt. Wenn wir den Kreis bilden, warten wir oft mit geschlossenen Augen, bis wir vom Nachbarn ergriffen werden. Ergriffensein ist ein Zustand, den man nicht selbst machen kann. Er geschieht einem. Es bedarf dazu einer Offenheit, des Erwartenkönnens, der schon zitierten Gelassenheit.
So erfahren wir die Zartheit eines Gänseblümchens, indem wir uns vom Nachbarn damit berühren lassen und geben die empfangene Berührung mit Fingerspitzengefühl weiter. Wir zeigen die Gestalt des Blümchens über unsere Hände und Finger. Wir versuchen zu hören, was es uns mitteilen möchte. Wenn Kinder erklären, ein Gänseblümchen könne nicht sprechen, heißt unsere Antwort: „Doch! Wir hören es mit unserem Herzen." Das Herz in seiner symbolhaften Bedeutung ist letztlich das Organ für das Schauen einer tieferen Wirklichkeit. Es ist der Ort des Ergriffenwerdens.
Auf den Basis- und Multiplikatorenkursen, die wir veranstalten, gilt es, die Teilnehmer für eine solche Begegnungsweise vielfach erstmalig zu sensibilisieren. Es geht um die Öffnung für eine Sichtweise, wie sie Franz von Assisi zu eigen war. In der Sprache von Martin Buber geht es um eine Ich-Du-Beziehung. Ich bin oft erstaunt, wie die Kursteilnehmer auf derartige Erfahrungen positiv reagieren.

Ich glaube, du erklärst uns am besten das, was du meinst, nochmals durch ein Beispiel und zeigst dabei die Struktur der einzelnen Schritte auf, die eine Anschauung prägen.

Zunächst noch einmal: Anschauung meint nicht nur eine besondere Sichtweise der Wirklichkeit, sondern ist in unserer Pädagogik auch der Begriff für eine methodisch, didaktisch geplante Begegnungsweise mit der Welt. Diese Begegnungsweise ist ziemlich komplex. Um den Dingen in ihrer Ganzheit zu begegnen, bedarf es der Ganzheit des Menschen, seines Herzens, seiner Hand, seines Verstandes. Für die Strukturierung einer derartigen Begegnungsweise gibt es in unserer Pädagogik das sogenannte Phasenmodell. Es sorgt dafür, dass wir die Vielfältigkeit unserer Person und die Vielzahl der Perspektiven, die eine Wirklichkeit uns bietet, gut in den Griff bekommen. Bevor ich das Gesagte am Beispiel einer Blumenzwiebel festmache, möchte ich noch darauf verweisen, dass die einzelnen Schritte einer Anschauung nicht voneinander abzugrenzen sind, sondern vielfach ineinander überfließen, sich wiederholen. Unsere Strukturierung im Phasenmodell sollte als Grobraster verstanden werden.

DIE BLUMENZWIEBEL

Die Vesammlungsphase führt die Gruppe zusammen, möchte sie für das Kommende disponieren. Die Kinder versammeln sich an einem braunen Rundtuch. Sie nehmen sich im gemeinsamen Halten des Tuches als Gruppe wahr. Das Tuch wird auf dem Boden abgelegt. Die braune Farbe weckt bei den Kindern unterschiedliche Assoziationen, wie Lebkuchen, Schokolade, Rinde, Baumstamm, Erde.

Die Vorstellung Erde wird aufgegriffen und leitet *die Begegnungsphase* ein. Sie beginnt mit einem Entdeckungsspiel. Ein verdecktes Körbchen mit braunen Tulpenzwiebeln wandert im Kreis. Es stellt sich die Frage, was darinnen sein mag. Die Kinder nehmen über das verdeckende Tuch ersten Kontakt mit den Zwiebeln auf. Es konkretisieren sich ihre Vorstellungen. Diese werden ausgesprochen. Die Kinder führen ihre Hände zum Rücken, öffnen sie dort und empfangen eine Tulpenzwiebel. Die Vorstellungen erweitern sich. Die Frage nach dem Gegenstand und seiner Farbe wird gestellt. Die Kinder holen die Zwiebel nach vorne, führen sie sich vor Augen. In einem Gespräch äußern sie ihr Wissen und ihre Erfahrungen bezüglich des Gegenstandes. Die Gruppenleiterin greift die Äußerungen der Kinder auf, bringt sie in einen Zusammenhang. Sie stellt über ein Gestenspiel das Eingraben der Zwiebel, ihre Verwurzelung in der Erde, das Hervorkommen eines Keimes, seinen Durchbruch durch die Erde, das Wachsen nach oben, die Bildung einer Knospe, die letztlich erblüht, dar. Auch dass es zu all dem der Sonne und des Regens bedarf.

Dieser mehr sachlichen Sichtweise (horizontale Linie) folgt eine weitere Begegnungsweise, in der sich Sachwissen zu Lebenswissen (vertikale Sicht) erweitert. Das Spiel wiederholt sich. Die Kinder werden mit ihren Händen, vielleicht auch mit ihrem ganzen Leib Mitspieler. Die Leiterin stellt den Kindern jetzt die Zwiebel als Überraschungs- oder Wunderzwiebel vor. Sie erzählt von einer Kraft, die in der Zwiebel verborgen ist, von einer Grün-, Blüh-, Lebenskraft, die in ihr schläft. Sie lässt diese Kraft in der Vorstellung der Kinder sich entfalten, bringt sie zum Erblühen. Die Kinder träumen unter Augenschluss von der Blume, die aus ihrer Zwiebel wächst und aufblüht. Dieses Träumen kann von einem Lied begleitet werden.

Ich trag' in meinen Händen
Franz Kett

In meiner braunen Zwiebel lebt eine Blume schön,
wenn ich die Augen schließe, kann ich die Blume sehn.

Auf einem grünen Stengel sitzt wie auf einem Thron
die wunderschöne Zwiebel, jetzt öffnet sie sich schon.

Es leuchten ihre Farben, sie duftet süß und fein.
Sie trinkt mit ihren Blättern den warmen Sonnenschein.

Rechte bei RPA-Verlag Landshut

Der Begegnungsprozess, der sowohl sachliche Zusammenhänge wie eine verborgene, geheimnisvolle Kraft bewusst macht, findet in einer Bildgestaltung sichtbaren Ausdruck. Wir sprechen von *der Gestaltungsphase.* Sie beginnt eigentlich bereits in der Entfaltung des braunen Rundtuchs. Dieses gemeinsame Tun setzt sich jetzt als individuelles Tun fort, indem die Kinder ihre Blumenzwiebel darauf ablegen und mit entsprechendem Legematerial ihre erträumte ganz persönliche Blüte gestalten. Diese Blumen werden sozusagen zu Selbstbildnissen und erfahren Würdigung, indem sich die Leiterin jedem Kind zuwendet und sein Bild mit einem guten Wunsch verbindet.

Die letzte Phase nennt sich *Deutungsphase.* Eigentlich war sie schon während des ganzen Begegnungs- und Gestaltungsprozesses im Gange. Es wurde ja fortlaufend die Blumenzwiebel, ihr Wachstumsprozess gedeutet und dies sachlich, wie staunend bezüglich ihrer Lebenskraft. Es fehlt noch die Rückbindung dieser Grün- und Blühkraft auf einen letzten Urheber. In dieser religiösen Deutung beschauen wir unser Gesamtbild. Wir gehen mit Bruder Franziskus in unseren Blumengarten und loben mit ihm Gott für das Blumenkleid der Mutter Erde.

Mutter Erde
Franz Kett

Rechte bei RPA-Verlag Landshut

Ein Geburtstagskind wird geehrt

9.
Vom Menschen reden

Eine Pädagogik bedarf einer anthropologischen, philosophischen Grundlegung, eines Menschenbildes. Du hast uns Manches davon schon gezeigt. Kannst du nochmals zusammenfassend darauf eingehen?

Ich möchte das Menschenbild unserer Pädagogik auf phänomenologischer Weise beschreiben. Otto Friedrich Bollnow mit seinem existenzphilosophischen Ansatz hat mich dazu angeregt. Ich stelle dieses Menschenbild zunächst in einem Redebild vor und ergänze dieses über ein Bodenbild.

„Zum Sehen geboren, zum Schauen bestellt" beschreibt Goethe den Menschen. Ich möchte noch hinzufügen „So bin ich da, ein Kind dieser Welt".

Ein sehr einfacher Spruch. Ich versuche diese Rede zu deuten. „Ich bin da mit Haut und Haar, ganz und gar, wunderbar", singen wir mit Kindern und bekräftigen leibhaft, worin Leben sich vollzieht: im Dasein. Es ist oft nicht leicht, das Dasein. Es ist aber letzten Endes gut, dass du, dass ich, dass wir da sind. Es wäre schade, wenn es dich, mich, uns nicht gäbe. Es würde etwas in der Welt fehlen. Diese Einstellung, die wir vermitteln wollen, ist eine Grundkompetenz, um leben zu können. Dasein ist Lebenssinn. Als „Ich bin da" offenbart sich Gott dem Mose im brennenden Dornbusch. In einem selbst verfassten Liedtext möchte ich mein Verständnis, dass ich im Angesichte des „Ich bin da" existiere, bekunden:

> Wohin ich auch gehe, du gehst mit mir.
> Wo immer ich stehe, du stehst zu mir.
> Ich bin, weil du bist, du bist das Sein,
> du mein Gott, du mein Gott, du allein.
>
> Noch ehe ich geworden, du kanntest mich.
> Du riefst mich beim Namen, so wurde ich.
> Ich bin, weil du bist, du bist das Sein,
> du mein Gott, du mein Gott, du allein.
>
> Du schenkst mir den Atem, das Leben, das Licht,
> und nimmst du es wieder, verlässt du mich nicht.
> Ich bin, weil du bist, du bist das Sein,
> du mein Gott, du mein Gott, du allein.

Du hast Dasein im existentiellen Sinne gedeutet. Gibt es noch weitere Perspektiven?

Gedanklich ist es möglich, anderswo zu sein, als ich es leibhaft bin. Manchmal sagen wir zu einem, der direkt vor uns steht: „Du bist gar nicht wirklich da." Wieder ist es ein Kinderlied, in dem wir die Anwesenheit in Ganzheit, mit Leib, Seele, Geist bekräftigen:

> Ich bin da, ich bin da,
> nicht da oben, nicht da unten,
> nicht da vorne, nicht da hinten,
> nicht daneben, sondern da,
> das ist wahr, wirklich wahr.

Ich vermag den Ort, wo ich da bin, in erweiterten Dimensionen zu sehen. Ich bin da auf meinem Stuhl, in einem Raum, in einem Haus, in meinem Heimatort, in meinem Heimatland, schliesslich auf der Erde. Da habe ich meinen Platz, den ich einnehme, den ich gestalten darf. Ich

bin ein Mensch dieser Erde. Mein erster Lebensort war der Leib meiner Mutter. Sie war mein erstes Zuhause. Ich habe sie mit meinem Kommen in gute Hoffnung gebracht, ein positiver Anfang. Von diesem ursprünglichen Zuhause aus beginnt meine lebenslange Ortserweiterung.
Und dann gibt es noch eine weitere Dimension. Mein Dasein ist zeitlich begrenzt. Ich komme und gehe auch wieder. Mein Leben auf dieser Erde beginnt und endet. Ich bin nun für meine Person schon über 82 Jahre auf der Erde. Das sind 29200 Tage. Eines Tages scheide ich aus dem Leben. Leben und seine zeitliche Dauer sind eine Gegebenheit, eine Gabe und damit wiederum verbunden, eine Aufgabe. Eine Kalendergeschichte mag es verdeutlichen. Da zahlt mir eine Bank täglich 26400 Euro aus. Die Bedingung lautet, dass das Geld bis zum Abend ausgegeben ist. Die Bank kann die Zahlung, die ohne Vorbedingung geleistet wird, jeder Zeit, von Hier auf Jetzt, einstellen. Die Geschichte ist unreal. Wirklich ist sie auf einer anderen Ebene. Ich bekomme täglich viel Kostbareres als 26400 Euro ausbezahlt. Mir werden jeden Tag 26400 Sekunden Lebenszeit geschenkt. Am Ende eines Tages sind sie unwiderruflich vorüber. Am Ende meiner Lebenszeit stellt sich mir als dem Franz Kett die Frage, wie bin ich mit diesem Zeitvermögen umgegangen. Habe ich meinen Platz ausgefüllt? Hatte ich ein erfülltes Leben?

Lässt sich diese Art von Überlegungen bei Kindern schon ermöglichen?

Ich denke, es gehört eine gewisse Fähigkeit zu dieser Reflexion dazu, ein Geld- und Zeitverständnis, um in diesen Vorstellungen zu philosophieren. Das ist im Elementarbereich noch nicht gegeben. Als Erzieher freilich sollte ich in dieser Gedankenwelt selbst leben. Daraus vermag ich dann auch bei den Kindern ein Gespür für die Kostbarkeit des Lebens zu wecken. In einer Zeit, die zu Depressionen neigt, ist die Stärkung von Lebensmut und Lebensfreude besonders nötig.

Ich bin da mit Haut und Haar und es ist gut, dass ich da bin, ist das eine. Ich bin da und schau die Welt, das andere. Wie fügt sich das zusammen?

Im Schauen findet die Beziehungsdimension meines Daseins Erfüllung. Das in Beziehung Treten zur Welt ist meine Daseinsbeschäftigung. Welt ist dabei einmal die Mitwelt. Aus dem Miteinander meiner Eltern bin ich geworden. In Beziehung mit ihnen und mit vielen anderen Menschen werde ich unentwegt. Welt ist dann die Natur, die mich umgibt in ihrem naturhaften Zustand, aber auch in der von Menschenhand gestalteten Weise. In dieser Welt werde und lebe ich. Sie umgibt mich. Ich bin ein Teil von ihr. Dann habe ich auch in mir eine Welt, meine Innenwelt: Empfindungen, Gefühle, Bewusstsein. Damit trete ich mit meiner Mit- und Außenwelt in Beziehung. „Ich bin ein Knotenpunkt von Beziehungen", sagt Saint-Exupéry. Mit meiner Geburt komme ich ans Licht der Welt und beginne sie zu schauen. Schauen ist dabei der Sammelbegriff für jede Art von Sinneswahrnehmung und darüber hinaus noch mehr. Im Schauen werde ich mir meines Daseins in Gegenüberung zur Welt und meines Verbundenseins mit der Welt inne. Im Schauen stehe ich mit der Welt in Beziehung. Die Fähigkeit zur Beziehung ist eine weitere Grundkompetenz, die es mit Kindern einzuüben gilt.

Was die Beziehungsfähigkeit betrifft, so verweist du in deiner Pädagogik immer wieder auf den jüdischen Philosophen und Theologen Martin Buber. Er scheint dir für dein Verständnis der Beziehungsdimension wichtige Impulse gegeben zu haben.

Ein Hauptwerk Bubers ist betitelt „Das dialogische Prinzip" und ein Kernsatz aus diesem Werk lautet: „Ich werdend spreche ich Du." Ich werde also in Beziehung zur Welt. In diesem Dialog unterscheidet Buber zwischen einer ICH-DU Beziehung und einer ICH-ES Beziehung. Er spielt die beiden Beziehungsweisen nicht gegeneinander aus, er betont beider Wichtigkeit und beschreibt ihre unterschiedliche Aufgabe folgendermaßen: „Ohne ICH-ES Beziehung können wir nicht überleben. Ohne ICH-DU Beziehung werden wir nicht Mensch." Diese Sichtweise ist für mich großartig. Ich finde in ihr eine Definition dessen, was mir Herzensahnung war und Herzensanliegen ist.

Wir denken, du solltest die beiden unterschiedlichen Beziehungsweisen noch näher erläutern.

Ich will es versuchen. Ich weiß dabei wohl, dass ich den Gedankengang Bubers in seiner Komplexität und Tiefe nur annähernd wiedergeben kann.

Ich stelle mir vor, wie der heilige Franz von Assisi am Morgen aus seiner Behausung tritt, mit geweiteten Armen die aufgehende Sonne als Schwester begrüßt. Er dankt seinem Schöpfer für die Schwester Sonne, die Licht und Wärme schenkt. Er bittet, dass Sonne auch in seinem Herzen sei und er etwas davon in der Welt zu verschenken vermag. Ich kann aber andrerseits die Sonne auch als Energiespender sehen und sie zu meinem Nutzen in Gebrauch nehmen, indem ich Sonnenkollektoren auf meinem Hausdach installiere.

Die alte Bäuerin auf dem Bergbauernhof, auf dem ich immer wieder Urlaub mache, trieb jeden Morgen die Kühe auf die Sommerweide und holte sie abends wieder zurück in den Stall. Sie pflegte mit ihren Kühen zu sprechen: „He, Lisa, war´s schön auf der Weide, bist du satt geworden? So schön wie du möcht´s ich auch haben, den ganzen Tag auf der Wiese liegen und ins Tal schauen." Heute werden die Tiere nach der ersten Kälberung ausschließlich im Stall gehalten. Das spart Energie, erhöht die Milchleistung. Letzterer entsprechend wird auch das Futter zugemessen. Das Verhältnis Tier – Mensch steht unter dem Gesichtspunkt der Gewinnmaximierung.

Ich kann bei der Einstellung, eine neue Mitarbeiterin vor mir sitzend, an Hand ihrer Zeugnisse feststellen, was sie kann, sie eintaxieren, inwieweit sie ins Team passt, was sie einbringt, wozu sie verwendet werden kann. Ich kann mich aber auch von ihr ansprechen lassen durch ihre Gestalt. Sie ist ein Mensch mit Bedürfnissen, Talenten, mit einer Lebensgeschichte. Ich begegne ihr von Mensch zu Mensch, offen, vertrauensvoll, wertschätzend.

Es lässt sich aus den Beispielen unschwer erkennen, was eine ICH-ES Beziehung und was eine ICH-DU Beziehung ist. Buber spielt die beiden Begegnungsweisen, wie gesagt, nicht gegeneinander aus. Er bringt sie in eine Art Gleichgewicht. Die eine lässt uns überleben, die andere Mensch werden. Es dürfte aber auch klar sein, welche Art von Beziehung in unserer Gesellschaft und in unserem allgemeinen Bildungssystem vorrangig ist. Unsere Pädagogik bemüht sich sehr um eine sich anmuten lassende, achtsame, fürsorgliche, ja geschwisterliche Haltung zu allem und jedem. Damit glauben wir Antwort zu geben auf drängende Probleme unserer Zeit: Überbevölkerung, Mangel an Wasser und Nahrung, Klimawechsel, Kriege unsinnigster Art, Völkerwanderung usw.

Du spricht in deiner Pädagogik häufig vom Dazwischen. Sind Dazwischen und Beziehung ein und dasselbe?

Das Dazwischen ist ein ganz wesentlicher, aber oft ungesehener Faktor in unserem Leben. Ich führe einmal Vergleiche an, die ich in der Gestaltpädagogik zu diesem Thema gefunden habe. Ich weiß nicht, wieviel Bäume es sein müssen, dass man zu ihnen Wald sagen kann, auf jeden Fall mehr als zehn. Ein Wald besteht demnach aus einer Vielzahl von Bäumen und dem Zwischenraum zwischen den Bäumen. Wenn ich die Bäume abholze, die Stämme zusammenlege, den Zwischenraum herausnehme, ist es kein Wald mehr, sondern ein Holzlager. Oder, ich nehme eine Melodie wahr. Das ist eine Reihe von Tönen und dazwischen gibt es Intervalle und die sind ausschlaggebend für die Melodie. Ohne Intervalle sind es einfach nur Einzeltöne.

Wir könnten fragen, inwieweit wir als Menschen ohne Dazwischen existieren können. Die Beziehung, in der wir seinsmäßig da sind, manifestiert sich im Dazwischen. Wenn ich mich einer Gruppe von Menschen, es können auch nur zwei sein, zugeselle, spüre ich es. Die unsichtbare Luft wird dafür Symbol. Ich bezeichne das Dazwischen als gutes oder schlechtes Klima, als gute oder schlechte Atmosphäre. Es stehen Wohlwollen, Friedfertigkeit, Achtsamkeit, Wahrheit, Liebe im Raum oder auch das Gegenteil, Machtanspruch, Geltungssucht, Missgunst, Lüge, Neid, Hass. Es herrscht ein guter oder schlechter Geist. Das Dazwischen scheint mir eine Wirklichkeit zu sein, die im Positiven wie im Negativen Wirkung zeigt, die uns beeinflusst und die wir beeinflussen. Vielleicht gewinnt da auch der Gebetsruf Bedeutung: „Sende aus, Gott, deinen guten Geist, und das Angesicht der Erde wird neu." Unsere Pädagogik bemüht sich, bildlich gesprochen, um Luftverbesserung.

Das Menschliche deiner Pädagogik findest du auch in einem Symbol zu Ausdruck gebracht.

Die Kreuzgestalt mdes Menschen, sein Körperkreuz scheint mir Antwort zu geben, wer der Mensch ist, bzw. was er zu sein hat.
Eine vertikale und horizontale Linie bilden über einen gemeinsamen Schnittpunkt eine Einheit. Das Kreuz ist nach allen Seiten hin offen, verlängerungsfähig. Der Mensch hat seit alter Zeit im Kreuz ein Sinnbild seines Seins gefunden. Die Längs- oder Seinsachse erinnert ihn an seine Verwiesenheit auf die Erde, deren Teil er ist und an das Streben über sich hinaus, seine Möglichkeit des Transzendierens. Die Quer- oder Beziehungsachse bekundet sein Dasein als Verbundensein mit der Mit- und Umwelt. Die Mitte, der Schnitt der Achsen, verweist auf das Herz, die Personmitte, aus der heraus alle Daseinsakte vollzogen werden. Das Kreuz ist Sinnbild für eine offene Ganzheit.

Auf der Eineuromünze Cyperns findet sich ein derartiges Menschenbild.

> Ein Bild des Menschen,
> modern und alt zugleich,
> zeitlos.
>
> Aufgefunden im Mittelmeerraum,
> geschaffen vor 5000 Jahren,
> unglaublich.
>
> Der Mensch in Kreuzgestalt,
> geerdet, gehimmelt,
> geweitet
> hinein in die Welt.
>
> In der Mitte aber,
> wo sich Längs-
> und Querachse kreuzen,
> wo verborgen im Innern
> das Herz schlägt,
> trägt er sich selbst.
>
> Das Kreuz wird Zeichen für ihn,
> für sein Dasein als Ganzer
> und im Ganzen der Welt.

Ich weite mich in die Kreuzgestalt, wenn ich mich mit der Geburt aus meiner embryonalen Haltung ausstrecke. Eltern erleben Freude, wenn ich dann, nach einer gewissen Zeit, in der Lage bin, mich aufzurichten. Ich bekomme Übersicht über alles und suche auch nach einer Dahintersicht, indem ich Kästen, Kisten, Türen öffne, um dahinter zu schauen. Es beginnt die Fragezeit: Wo und Wie, Warum, Weshalb. Menschliche Neugierde ist die Antriebskraft.

Mit den Kindern bedenken wir uns selbst, indem wir uns in unserer Ausgerichtetheit im Kreuz leibhaft erfahren und uns als Kreuzmenschen bildhaft gestalten. Dieses Handeln wird von Überlegen und Deuten begleitet und findet, in einem Lied verdichtet, Ausdruck.

Malerin: Isolde Moser
Bilderbuch
„Ins Leben kommen"

Auf der großen Erde lebe ich
Franz Kett

Und in meiner Mitte schlägt mein Herz. Es fühlt Liebe, Freude, Schmerz.
Zwischen Himmel, Erde bin ich da. Mein Herz die Mitte, wunderbar.

Von meinem Herzen streck ich mich aus, greif in die weite Welt hinaus.
Zwischen Himmel, Erde bin ich da. Mit der Welt verbunden, wunderbar.

Eine Wesensbestimmung des Menschen ist seine Offenheit.

Offenheit zeichnet den Menschen als solchen aus. Er ist aber auch immer in Gefahr, was er in seiner Offenheit erkannt hat, zu dogmatisieren. Mir hat ein Beispiel sehr eingeleuchtet, was der Quantenphysiker und ehemalige Direktor des Max Plank-Instituts, Hans Peter Dürr, in einem Interview vorgetragen hat. Ich erzähle es aus dem Gedächtnis. Einer renommierten, auf alte Musik spezialisierten Musikkapelle bietet sich ein Musiker an, der ein neues Instrument zu spielen versteht. Er wird abgewiesen. Das neue Instrument würde den gewohnten Klang verändern. Ein verstehbares Argument. So bleibt es beim Alten. Könnte aber nicht durch das neue Instrument die alte Melodie, im Sound verändert, neu zum Erklingen, zu Gehör gebracht werden? Ergänzung bewirkt ein Mehr. Dürr überträgt das Beispiel auf die Weise, wie heute in der Wissenschaft mit festgelegten Standards gearbeitet wird. Mit deren Hilfe lässt sich vieles erklären, aber nicht alles. Neue Töne werden abgelehnt, wenn nicht bekämpft. Dem Wachstum an Welteinsicht setzt sich so der Mensch selbst Grenzen. Wie wäre es, wenn man zu einem evolutionistischen materialistischen Darwinismus noch ein Prinzip des Geistigen annähme? Vielleicht kämen wir da in einer Weltdeutung weiter.

Neben den selbstgesetzten Grenzen ist der Mensch von Natur her begrenzt.

Er ist, wie schon gesagt, örtlich begrenzt. Er ist durch seine Vergänglichkeit zeitlich begrenzt. In seiner Unzulänglichkeit ist er existentiell ein Mangelwesen, wie der Soziologe Arnold Gehlen es formuliert um dann hinzuzufügen, ein Mangelwesen mit ausgleichender Handlungsfähigkeit. Auf das Kreuz, als Sinngestalt unseres Daseins, bezogen, ist die Reduzierung auf nur eine Dimension der Kreuzgestalt eine Begrenzung. Es gibt Menschen, die ganz auf die Erde fixiert sind. Der Verhaltensforscher Konrad Lorenz drückt es so aus: „Sie kennen nur Essen, Trinken und die Begattung". Der Apostel Paulus sagt von ihnen: „Ihr Gott ist der Bauch". In dieser Absonderung vom Ganzen besteht die Sünde. Sünde ist aber auch eine Fixierung rein nach oben. Wir haben das Bild des Heiligen, der auf einer Säule steht, der Erde enthoben, näher mein Gott zu dir. Es ist schließlich möglich, das ich geerdet und gehimmelt bin, aber nicht geseitet. Es gibt Menschen, die unentwegt in der Selbsterfahrung beharren, sich gleichsam um sich drehen, unfähig, Hand anzulegen, wo es Not tut. Um dies

BEI EINEM KURS IN PRAG

in rechter Weise zu tun, muss man gut auf der Erde stehen und zum Himmel aufgerichtet sein und in die Welt hinein geseitet. In dieser Kreuzgestalt liegt das Heil.

Betrachten wir einmal eine biblische Geschichte unter diesem Gesichtspunkt. Da wohnt in Jericho der Zöllner Zachäus. Er kassiert Zoll, erwirbt Besitz und Reichtum. Er ist ganz dem Haben, dem Besitzen, der Erde zugewandt. Da kommt Jesus in die Stadt, der Gottesmann, der in der Kreuzgestalt lebt, bevor er am Kreuz stirbt. Zachäus erspürt die ihm fehlende Dimension, die im Oben, in der Weite des Himmels Ausdruck findet. Er steigt auf einen Baum. Jesus schaut zu ihm hinauf, schenkt ihm Ansehen, holt ihn auf die Erde zurück und äußert den Wunsch, bei Zachäus Gast zu sein. Beim gemeinsamen Mahl hält Jesus Brot, die Frucht der Erde, zum Himmel, auf dass der Himmelssegen auf es komme und teilt es mit Zachäus in Liebe. Die Seinslinie, Vertikale ist mit der Beziehungslinie, der Horizontalen im Kreuz vereint. Zachäus, von dem Tun Jesu angerührt, wird bereit, seinen Besitz zu teilen, wie Jesus das Brot geteilt hat. Er hat das Kreuz gefunden. Er ist geerdet, gehimmelt und, wie die Kinder sagten, geseitet. Er ist heil geworden.

Das Wort Jesu an Zachäus lautet: „Heute ist deinem Hause Heil widerfahren, weil auch du ein Sohn Abrahams bist."

Erziehung zu Beziehungsfähigkeit schließt demnach Erziehung zur Offenheit in jede Richtung mit ein.

Wenn ich morgens aufstehe, versuche ich mich für den neuen Tag und, was er bringen wird, zu öffnen. Ich strecke mich, gähne, reibe die Augen aus, reinige die Ohren, die Nase. Ich öffne bewusst die Hände, um den Tag zu empfangen und über all diese Handhabungen öffne ich vor allem mein Herz. In Kreuzeshaltung bitte ich meinen Schöpfer, dass er mich an diesem neuen Tag segne und dass ich dieses Gesegnetsein weiter vermitteln darf, hinein in die Welt.

Erziehen, bilden bedeutet, Kinder aus egoistischer Verkapselung herauszuholen und für das Leben zu öffnen. In dieser Aufgabe gleichen wir Jesus, der Blinden die Augen, Tauben die Ohren, Stummen den Mund, Gelähmten die Hände öffnete, damit sie am Leben teilhaben und es auch in seiner Fülle wahrhaben konnten.

Kannst du deine anstrengenden Ausführungen durch eine nette Anekdote auflockern?

Wenn meine Mutter mich als Kind nach München zum Einkaufen mitnahm, befremdete mich ihre Art und Weise, wie sie Menschen ungeniert ansah. Gewissermaßen schämte ich mich für sie. Später ertappte ich mich dabei, wie ich es ihr gleich tat. Der Apfel fällt ja nicht weit vom Stamm. Meine Phantasie half mir dabei zu Wahrnehmungen besonderer Art. Ich sah in den Menschen Tiere, einen Esel, einen Hund, einen Wolf, Adleraugen, eine Spechtsnase, ein gackerndes Huhn, ein frommes Lämmchen. Ich frage mich, ob das nur Einbildung war oder ob ich nicht doch auch etwas vom Wesen des anderen geschaut habe. Auf jeden Fall bin ich ein Augenmensch. Bilder und Gestalten sind für mich sehr aussagekräftig.

GEMEINSAM ENTDECKEN UND STAUNEN

10.
Von Gott reden

Jetzt wollen wir nach deinem Gottesbild fragen, das in deinem Menschenbild bereits angeklungen ist.

Wenn wir im Kindergottesdienst die Gottesfrage stellen, singen wir gerne:

> Gott, mein Gott, wo bist du?
> Gott, mein Gott, wer bist du?
> Gott, mein Gott, ich suche dich.
> Gott, mein Gott, wo find ich dich?

Die Bibel lässt Gott auf diese Frage antworten: Wer mich mit ganzem Herzen sucht, wird mich finden. Das Herz wird hier eindeutig als Organ der Gottsuche oder Gottfindung genannt.

Es gibt unterschiedliche Vorstellungen von Gott. In den Büchern Mose lesen wir: Du sollst dir kein Bild und Gleichnis von Gott machen. Sind Gottesbilder überhaupt zulässig?

Die Bibel ist voller Gottesbilder. Sie verkündet, der Mensch sei Bild und Gleichnis Gottes. Im Umkehrschluss überträgt sie auf Gott menschliche Titel und Eigenschaften. Gott ist Schöpfer. Gott ist König und Herr. Gott ist Richter. Er ist Arzt. Er ist Hirte. Er ist Vater und Mutter.

Und sie schildert ihn als weise, gerecht, barmherzig, zornig, eifersüchtig, voller Liebe. Auch die Schöpfung wird Sinnbild für Gott. Gott ist Fels, Gott ist Quelle, Gott ist Licht, Gott ist Feuer. Gott ist Atem, Luft.
Alle diese Bezeichnungen, aus unserer menschlichen Erfahrungswelt genommen und in unserer Erfahrungswelt oft widersprüchlich erlebt, heben ein wenig den Schleier vor dem, der letztlich unaussprechlich und unbegreiflich ist. Sie sind im Sinne von C. G. Jung Symbole, das heißt „Bedeutungsträger für das Unaussprechliche".

Unter diesen Bildern von Gott vermisse ich die christliche Vorstellung eines Gottes in drei Personen. Kannst du sie aus deinem anthropologischen Ansatz deuten?

Wenn ich an meine Familie, ganz speziell an meine Enkelin Emma, denke, bin ich da als Großvater. Auf ihre Bitte, hilfst du mir die Schuhbänder schnüren, gebe ich zur Antwort: „Ich helfe dir gerne, du bist doch mein Enkelkind, Emma." In der Erfüllung ihrer Bitte bücke ich mich zu ihr nieder und binde ihr sorgsam die Schuhe. Es ist zwischen uns beiden etwas Schönes. Wir könnten sagen, etwas von meiner Beziehung zu ihr als Großvater, etwas vom Geist der Fürsorglichkeit und Liebe Getragenes und ihre kindliche Zuneigung. Etwas abstrakter formuliert würde das heißen: Ich bin da. Ich bin stets da in Gegenüberung zu einem Du. Und zwischen dem Ich und dem Du gibt es als Drittes das DAZWISCHEN.
Aus dieser Sichtweise unseres menschlichen Daseins und aus dem Verständnis, dass der Mensch Bild und Gleichnis Gottes ist, deute ich für mich auch Gott als ein ICH, als ein DU und ein DAZWISCHEN. Gott gibt sich in der Geschichte am brennenden Dornbusch als „Ich bin da" zu erkennen. Bei der Taufe Jesu hören wir die Stimme Gottes, die an Jesus als Du gerichtet ist: „Du bist mein geliebter Sohn." Das Dazwischen zeigt sich im Geist Gottes, der in Gestalt einer Taube vom Himmel auf Jesus herab kommt und ihn ganz erfüllt. Eine Art Pfingsterlebnis.

Ein dialogisches Gottesbild und Menschenbild bedingen sich gegenseitig. Gott offenbart sich über unser menschliches Leben und wir bilden über unser menschliches Leben unser Gottesbild. Dieses ist für mich so überzeugend, dass ich von Herzen gern Christ bin.

„Du bist mein geliebter Sohn." Ist nicht die ganze Schöpfung ein Du Gottes?

Eigentlich schon, wenn wir den Genesisbericht ernst nehmen. Dort heißt es: Gottes Geist schwebte über dem Tohu-Wa-Bohu, den Abgründen. Kraft dieses Geistes ordnete sich alles. Himmel und Erde. Wasser und festes Land. Licht und Dunkel, usw. Damit hat sich Gottes Weisheit, sein Geist in die Schöpfung inkarniert. Gott der Schöpfer – die Schöpfung als Du – Gottes Geist als Dazwischen.

Aus dieser Sicht her möchte ich einmal den amerikanischen Franziskaner Richard Rohr zitieren. „Christen glauben an Jesus Christus. Aber hat ihnen schon mal jemand gesagt, dass es sich dabei um zwei getrennte Glaubensaussagen handelt? Wer an Jesus glaubt, gibt jenem einen Mann die Ehre, der auf dieser Erde wandelte. Wer an Christus glaubt, schliesst die ganze Schöpfung ein und ehrt sie, den ganzen Leib." Rohr beruft sich bei dieser Aussage auf Kolosser 1, 15–19.

> Er ist das Ebenbild des unsichtbaren Gottes,
> der Erstgeborene der ganzen Schöpfung.
> Denn in ihm wurde alles erschaffen
> im Himmel und auf Erden,
> das Sichtbare und das Unsichtbare,
> Throne und Herrschaften, Mächte und Gewalten;
> alles ist durch ihn und auf ihn hin geschaffen.
> Er ist vor aller Schöpfung,
> in ihm hat alles Bestand.
> Er ist das Haupt des Leibes,
> der Leib aber ist die Kirche.
> Er ist der Ursprung,
> der Erstgeborene der Toten;

so hat er in allem den Vorrang.
Denn Gott wollte mit seiner ganzen Fülle
in ihm wohnen.

Reden wir noch einmal von Jesus, dem Mann auf Erden und dem Christus.

Von dem Mann, der auf Erden wandelte – so Richard Rohr – berichten die Evangelien nach Matthäus, Markus und Lukas. Sie geben kund, wie Jesus nicht nur betete, dass das Reich Gottes komme, sondern wie er es in Wort und Tat verwirklichte. Den Christus zeigen uns vor allem das Evangelium nach Johannes und die Briefe des Apostels Paulus. Er ist der Logos, die Weisheit, der Sinn, der Allem eingestiftet ist und sich in Allem entfalten soll. Zitieren wir wieder Richard Rohr: „Paulus sagt an mehreren Stellen, dass Jesus ‚der Erste von vielen Brüdern und Schwestern' ist, der Erste in einem großen Triumphzug, Christus ist die symbolische Spitze einer universellen Prozession hin zu Gott, der Liebe und dem Leben und er geht auch am Ende der Prozession. Die Offenbarung nennt ihn das Alpha und das Omega, den Ersten und den Letzten, den Anfang und das Ende (Offb 22, 13). Das ist ein kosmologisches Statement über die Richtung und die Bedeutung der Geschichte. Es besagt nicht, dass die christliche Religion anderen überlegen oder die einzig richtige, wahre Religion sei. Jesus ist gestorben. Christus ist auferstanden. Christus ist das eine wahre Muster und Jesus ist seine Personifikation in der Zeit, aber viele Nicht-Christen leben dieses wahre Muster viel, viel mehr als viele Christen. Ich kenne einige von ihnen."

Der französische Paläontologe und Theologe Teilhard de Chardin sieht in der evolutionären Entwicklung der ganzen Schöpfung auch die Inkarnation Gottes. Er spricht von einem kosmischen Christus, zu dem sich die ganze Schöpfung entfalten soll. Dieser Gedanke scheint in diese Gottesbildüberlegungen zu passen.

Ich zitiere aus den kosmischen Gebeten Teilhard de Chardins:

> O ja, Jesu, ich glaube es,
> und ich will es von den Dächern
> und auf den öffentlichen Plätzen ausrufen:
> Du bist nicht nur der äußere Herr der Dinge
> und der unmittelbare Glanz des Universums.
> Mehr als das bist Du der beherrschende Einfluss,
> der uns durchdringt, uns hält, uns anzieht
> durch die Triebkraft unserer unbezwinglichsten
> und tiefsten Wünsche.
> Du bist das kosmische Sein, das uns umfängt
> und uns in seiner vollkommenen Einheit vollendet.
> Gewiss ist es so, und gewiss ist es deshalb,
> dass ich Dich über alles liebe!

Von welchem Jesus erzählst du den Kindern?

Ich erzähle ihnen von Jesus, als dem Menschen, der vor zweitausend Jahren auf unserer Erde gelebt hat. Als Johannes, der Jesus getauft hat, aus dem Gefängnis heraus sich nach Jesus, seinem Wirken, erkundigt, schickt dieser ihm seine Jünger. Sie vermelden: „Blinde sehen wieder, Lahme gehen umher, Aussätzige werden gereinigt und Taube hören, Tote werden erweckt, Armen wird (ein Evangelium) verkündet und selig ist, wer nicht Anstoß nimmt an mir." (Lk 7, 22–23) In einem Lied besingen wir Jesus.

Eines Tages kam einer
Text: Franz Kett Melodie: Volkslied

Diese Botschaft ist Kern meiner Erzählungen. Die abstrakte Idee von der Entfaltung des Christus in der Schöpfung konkretisiert sich in lebensnahen Geschichten, wie zum Beispiel in der von Zachäus.
Es geht bei den Erzählungen dabei nicht um Geschichten der Vergangenheit. In unseren Erlebnisgestalten soll sich im gewissen Sinne im Augenblick der Erzählung ereignen, wovon berichtet wird.

Du hast das Kreuz als Sinnzeichen menschlicher Existenz gedeutet. Es ist für uns Christen auch Kennzeichen unseres Glaubens. Wie bringst du es Kindern nahe?

Im Körperkreuz erfahren wir uns selbst. Seine Dimensionen leben heißt, ganzer Mensch zu werden. Jesus ist uns da Vorbildgestalt. Bevor er am Kreuz gestorben ist, hat er im Kreuz gelebt. „Nimm dein Kreuz auf dich und folge mir nach" kann man auch unter diesem Aspekt einmal deuten. Mit der Erde verbunden, zum Himmel aufgerichtet, geweitet in die Welt hinein, zu den Menschen, aus einer Mitte, dem Kreuzungspunkt, dem Herzen!
Dieses Kreuz hat Jesus gelebt. Dieser Lebensweise ist Jesus treu geblieben, hat sie verifiziert bis in seinen furchtbaren Tod hinein. Bei der Öffnung seiner Seite durch einen römischen Soldaten flossen Blut und Wasser hervor, ein Zeichen für seinen Tod, symbolisch aber Zeichen des Lebens. Sein physisches Herz hat aufgehört, zu schlagen, nicht aber die Liebe, für die das Herz Jesu steht, die absolute, bedingungslose Liebe, die Gott ist, die in Jesus Gestalt angenommen, erfahrbar und in seinem, nach dem Tod geöffneten Herzen sichtbar geworden ist. Sie überwindet das Böse und den Tod. Das ist die Botschaft des Jesus am Kreuz. Ein wunderbares Bild in meiner Pfarrkirche in Gröbenzell zeigt den österlichen Jesus, den Jesus Christus, zu dem sich die ganze Welt wandeln soll.
Im Lied besingen wir ihn:

Zwischen Himmel und Erde
Franz Kett

Zwi - schen Him - mel, Er - de hängt der Herr.
Him - mel und Er - de ver - bin - det er.
Die Ar - me aus - ge - streckt in un - se - re Welt,
um uns zu schen - ken, was uns trägt und hält:
Lie - be groß und weit, Lie - be groß und weit.
1. Lie - be so weit, wie die E - wig - keit.
2. Leben groß und weit, wie die E - wig - keit.

Rechte bei RPA-Verlag Landshut

Foto © Gregor König

ALTARKREUZ IN DER PFARRKIRCHE ST. JOHANNES, DER TÄUFER, GRÖBENZELL

11.
Darstellung Jesu im Tempel

Dieses Kapitel ergänzen wir durch eine Bilddokumentation. Die Anschauung wurde 2013 im Kindergarten Adelshofen, Landkreis Fürstenfeldbrück, durchgeführt. Unser Dank gilt der damaligen Leiterin des Kindergartens, Sr. Maria Fuchs.

Du erzählst im Sinne einer narrativen Theologie gerne biblische Geschichten. Gibt es so etwas wie Strukturen, mit denen du einen biblischen Text angehst?

Ja! Bevor ich darauf näher eingehe, möchte ich anmerken, dass ich immer sehr betroffen bin, wenn Erzieherinnen mir sagen: In meiner Einrichtung ist es aus diesen oder jenen Gründen nicht erwünscht, biblische Geschichten zu erzählen. Für mich spiegelt sich in diesen Geschichten eine große Weisheit bezüglich des Weltganzen und dem Menschen darin wieder. Ich denke mir, wie schade, dass eine derartige Weisheit den Kindern verenthalten wird. Ich verweise auf die Geschichte von der inneren Heilung des Zöllners Zachäus. Ich habe bereits davon erzählt.
Ich möchte jetzt Aspekte aufzählen, unter denen für mich eine biblische Erzählung gesehen werden kann. Als Erzählung wähle ich Lk 2,21–35.

In dieser Geschichte hören wir, wie Jesus von seinen Eltern, Maria und Josef, acht Tage nach seiner Geburt in den Tempel gebracht wird, um nach dem Brauch der Juden beschnitten zu werden. Die Beschneidung ist auch mit der Namensgebung verbunden. Neben den Eltern wohnen dem Akt weitere Personen bei, Simeon und Hanna, alte Leute.

Wenn ich die Geschichte unter einem *anthropologischen Aspekt* betrachte, begegnen wir in ihr drei Generationen: dem Kind Jesus, seinen Eltern Maria und Josef und im Alter von Großeltern Simeon und Hanna. Der alte Simeon nimmt das Kind auf seine Arme. Wir können uns vorstellen, mit welcher Liebe und Freude er es tut. Auch wenn sein Leben bald zu Ende gehen wird, in dem Kind trägt er Zukunft in den Händen. Das Kind wird für Simeon zu einem erhellenden Lebenselement. Es wird unter dem anthropologischen Aspekt erzählt, was sich in der ganzen Welt, in Familien unterschiedlichster Nationen und Weltanschauungen bei der Geburt eines Kindes ereignet: Staunen, Freude, Dankbarkeit, Hoffnung, Sicherung einer Zukunft.

Die Zusammenkunft der genannten Personen, die Feier des neuen Lebens, findet in einem Gotteshaus, im Tempel statt. Eltern nehmen das Kind als Gabe aus der Hand ihres Schöpfers entgegen und danken ihm dafür. In dieser Intention, verbunden mit entsprechenden Ritualen, erhält die Feier einen *religiösen Aspekt*. Geburt, Dankbarkeit für neues Leben werden in allen Religionen mit unterschiedlichen Ritualen gefeiert.

Eine dritte, *christliche Perpektive* gewinnt die Geschichte mit den Worten, die der alte Simeon an das Kind richtet: „Du bist ein Licht zur Erleuchtung der Heiden und zur Verherrlichung Israels, deines Volkes." Die Darstellung im Tempel wird in einen heilsgeschichtlichen Zusammenhang gebracht. Die Erzählintention liegt darin, das Kind als den verheißenen Messias zu bezeugen. Mit seinem Kommen bricht das Reich Gottes an.

Die letzte Perspektive ist *christologischer Art*. Sie äußert sich im Glaubensbekenntnis unserer christlichen Kirchen: Jesus, der Sohn, Licht vom Lichte, wahrer Gott vom wahren Gott.

Welchen Aspekt hältst du gerade für den Elementarbereich besonders geeignet und zwar für alle Kinder, unterschiedslos von der Weltanschauung ihrer Familie und auch der Erziehenden?

Auf jeden Fall den anthropologischen Aspekt, aber auch den zweiten mit seiner interreligiösen Note. Der dritte Aspekt ist für mich auch noch vertretbar. Denn in einer Gestalt wie dem Jesus treten eine Lebenseinstellung und eine Lebensweise in Erscheinung, die für unsere Erde, für uns Menschen richtungsweisend, heilbringend ist, um Zukunft überhaupt zu ermöglichen.

Mit dem christologischen Aspekt berühren wir unser konfessionell christliches Gottesverständnis. Wenn er aber nicht dogmatisch, sondern im Sinne eines Teilhard de Chardins mystisch ausgedeutet wird, können wir für diesen Aspekt auch in anderen Religionen Parallelen finden.

Vom Kind her betrachtet erfährt es gerade in den beiden ersten Perspektiven sich selbst. Es freut sich in Identifikation mit dem Jesuskind über die Freude der Großen an seiner Person. Es erlebt sich in seinem Selbstwertgefühl bestärkt. Es spürt sich verbunden mit einer großen personalen Macht, von ihr getragen, gehalten. Menschen haben dafür unterschiedliche Namen: Jahwe, Gott, Allah. Die heilende Kraft einer Heilsgeschichte beginnt zu wirken. Gott offenbart sich in ihr.

BILDDOKUMENTATION
VERSAMMLUNG

Entfaltung und Auslegen eines blauen Rundtuches

Entdeckung eines Goldseilknäuls

Entwicklung eines Seils als Beziehungsband

Ablegen des Seils um einen Goldreifen

ENTDECKUNG – BEGEGNUNG

Verborgenes wird erfühlt

Etwas Verborgenes wird als kleines Kind wahrgenommen

Es erfolgt eine Identifikation mit dem Kind

DEUTUNG IM PROZESS EINER WEITERFÜHRENDEN BEGEGNUNG UND GESTALTUNG

Anthropologischer Aspekt

Jedes Kind bedarf einer Mutter, eines Vaters. Wir nennen weitere Familienmitglieder wie Schwester, Bruder, Oma und Opa, usw.

Wir empfinden Freude bei der Geburt eines Kindes. Die Figuren werden von den Kindern als Maria, Josef und als Jesuskind erkannt.

Interreligiöser Aspekt

Gestaltung einer Umschließung, die die Kinder als Schloss, Krone benennen. Wir sprechen von Tempel, Gotteshaus, Moschee, Kirche und überlegen, warum Eltern, Maria und Josef, ihr Kind an diesen Ort (Tempel) bringen – Danksagung mit den Eltern.

In diesem Zusammenhang tritt eine dritte Person auf. Kinder nennen ihn Opa. Er bekommt den Namen Simeon. Überlegungen, warum Simeon auch in den Tempel kommt. Das Kind, dem Alten in die Arme gegeben, weckt Gedanken, Vermutungen, Erfahrungen.
Wir bewegen uns wieder auf der anthropologischen Ebene. „Das Kind macht das Herz des Simeon warm, hell, froh."

Reich Gottes Aspekt

Die Deutung des Kindes findet eine Erweiterung in dem Hinweis, dass dieses Kind, erwachsen geworden, vielen Menschen Helligkeit, Freude, Wärme schenken wird. Eine Kerze wird als Symbol für Gott und für sein Wirken im Sinne des Textes nach Lk 7,22–23 entzündet.

Wir entzünden an der Mittekerze unsere Lichter. Mit dem Lied: „Tragt in die Welt nun ein Licht" wird die Überlegung verbunden, wie wir, Jesus gleich, selber Licht für andere sein können. Wir stellen unsere Lichter in Verbindung mit dem Jesuslicht im Bild ab.

Christologischer Aspekt

Der christologische Aspekt beinhaltet: Jesus ist das Licht der Welt. Dieser Gedanke wird ausgesprochen als Glaube von Menschen. Er findet seine symbolische Darstellung im großen Stern, mit dem die Kinder abschließend das Bild umgestalten.

Die von der Erzieherin methodisch, didaktisch geplante und angeleitete Bildgestaltung gibt den Kindern einen Raum, sich selbst zu entdecken und in der eigenen religiösen Dimension angesprochen zu werden. Die Vermittlung stellt sich als eine Art Mittelweg zwischen einer Botschaft von außen und ihrer Findung, Aneignung durch das Kind selbst dar. Die Figuren, einfache Stabpuppen, wurden mir von meiner Tochter Ulrike und meinem Schwiegersohn Christoph gestaltet.

In Verbindung kommen

12.
Das Leben verstehen lernen

Du unterscheidest in deinen Überlegungen zwischen Sachwissen und Lebenswissen. Was ist eigentlich damit so gemeint?

Im Sachwissen geht es darum, wie etwas funktioniert, wie etwas benutzbar wird, wie man etwas in Gebrauch nehmen kann. Man lernt eine elektrische Leitung zu legen, ein Fahrrad zu reparieren, einen Kuchen zu backen usw. Dieses sachliche Wissen ist Resultat einer Ich-Es-Beziehung mit der Welt. Es ist notwendig zum Überleben.

Das Lebenswissen ist ein Wissen, bei dem man Antwort bekommt, wie man Mensch wird. Man wird geboren als Mensch, man kann auch in seinem menschlichen Leben immer wieder Unmensch werden beziehungsweise sein. Aber es geht darum, dass man Mensch wird, dass am Ende der Lebenszeit einem gesagt werden kann: Du warst ein wahrhafter Mensch.
Lebenswissen, das bedeutet Wissen, wie Leben gelingt. Lebenswissen vermittelt uns die Natur selbst, das Weizenkorn, die Blumen des Feldes, der Weinstock. Jesus hat die

Natur, die Schöpfung immer wieder zum Anlass genommen, um sie zu Gleichnissen für das Leben, für Lebensgelingen werden zu lassen, und dies alles in Bezug auf das Reich Gottes und auf Gott hin.

Lebenswissen findet sich in unterschiedlichen Geschichten. Es sind Geschichten, die das Leben von Menschen beschreiben, von ihrem Ringen und Mühen, von ihren Aufgaben, denen sie gerecht werden sollen, die von ihrem Versagen, von Begrenzungen und Nöten und so weiter erzählen. Eine besondere Erzählform mit dieser Intention sind Märchen. Sie erzählen uns in Bildern, wie man Mensch wird. Sie berichten von Herausforderungen vielfältigster Art. Wenn man mutig und unbeirrt seinen Weg geht, die Aufgaben, die einem dabei gestellt werden, erfüllt, wird man belohnt. Man wird König oder Königin, erhält eine Krone. Die Marie, die im Brunnen, im Reich der Frau Holle, die Aufgaben erfüllt, die zu erfüllen sind, weil es so richtig ist, wird Goldmarie. Die Marie, die stets unter dem Gesichtspunkt handelt, was bringt mir das, was habe ich davon, kommt als Pechmarie aus dem Brunnen hervor. Dem Sterntalermädchen, das Not wahrnimmt und in Fürsorge vieles, ja alles verschenkt, fallen die Sterne in den Schoß. Der ganze Himmel kommt über es.

Es geht um die Entwicklung der Person des Menschen und dies in der Bewältigung von Lebensaufgaben. Letztere werden auf vielschichtige und fantastische Weise, eben auf märchenhafte Weise dargestellt. Die reale Welt wird zur Metapher für die Innenwelt des Menschen, für seelische Prozesse.

In den Märchen gibt es auch viel Grausamkeit zu ertragen. Das scheint im heutigen Bildungsbestreben ein Problem zu sein.

Wie das Gute ist auch Dunkles und Böses eine Realität. In den Märchen wird es gestalthaft, personifiziert. Es begegnet einem in Tieren, wie dem Wolf, der das Rotkäppchen auffrisst und vorher schon die Großmutter. In Personen, wie in der Hexe, die Hänsel und Gretel hinter Gitter bringt, um sie auch letzten Endes zu vereinnahmen. In der Stiefmutter, die Schneewittchen als Konkurrenz empfindet und sie deshalb beseitigen möchte. In den allermeisten Märchen wird das Lebenshinderliche und Lebensverschlingende überwunden. Man findet zu seinen inneren Schätzen, erhält die Krone des Lebens.

Wir möchten heute gerne die Kinder vor jeder Dunkelheit und jeder Herausforderung bewahren. Das entspricht nicht dem Leben. Es ist lebensfern. Es gilt vielmehr, die Dunkelheit wahrzunehmen und die Kräfte zu stärken, die sie uns überwinden lassen. Wenn man den Wolf als Zerstörungskraft in uns sehen lernt, der unser Leben, unser Menschsein auffrisst, kann man damit nicht barmherzig umgehen.

Eine stiefmütterliche Behandlung, von der manche Märchen erzählen, lässt oft die eigenen Ressourcen erst erwachen und verwirklichen. In diesem Sinne hat jede Mutter stiefmütterliche Züge, die ihr Kind nicht nur als eigenes Fleisch und Blut wahrnimmt, sondern es auch aus der Distanzierung objektiv betrachtet, seine Schwächen erkennt, es in den Wald schickt, damit es lernt, seine eigenen Schätze erst überhaupt zu entdecken und zu finden. Wird eine Mutter aber zur Hexe, die Kinder nach Strich und Faden verwöhnt, ihnen ihre Selbständigkeit aber dabei nimmt, gilt es, sie zu „verbrennen". Damit wird nicht die Person als solche gemeint, sondern ihre lebenshinderliche Einstellung.

Sind Interpretationen dieser Art Kindern überhaupt verständlich?

Halten wir fest, dass die Sprache der Märchen und auch biblischer Geschichten eine Symbolsprache ist. Äußere Wirklichkeiten stehen für unsere Innenwelt. Äußere Vorgänge meinen innerseelische Prozesse. Kinder sind im Sinne einer ersten Naivität für solches Lebenswissen offen. Sie vermögen ohne großartiger, gedanklicher Reflexion die Bilder und Intentionen derartiger Geschichten zu schauen. Mit wachsender Reflexionsfähigkeit gilt es aber auch, ein Verständnis für die Symbolsprache, von der Erich Fromm meint, sie sei zu einer Fremdsprache geworden, zu wecken.

Kannst du da einen Weg aufweisen, wie dieses Verstehen langsam entwickelt werden kann?

Hier spielt in unserer Pädagogik die Verleiblichung eine große Rolle. Sie ist der erste Schritt im Erlernen dieser Fremdsprache. Indem ich selbst zu einem Stein, zu einer Quelle, zu einem Stern werde, ihre Eigenschaften leibhaft darstelle, werde ich mir über eine äußere Wirklichkeit meiner eigenen Person inne. Ich kann Stein sein, versteinert, hartherzig, aber auch im positiven Sinne ein Fels, auf dem man bauen kann. Ich kann Quelle sein, das heißt, fließend, strömend, erfrischend und lebendig. Ich kann Stern sein und als solcher einen anderen führen, leiten, ihm den Weg zeigen, ja zu seinem Augenstern werden. Über diese Verleiblichungsprozesse wird reflektierendes Symbolverständnis angebahnt.

Welches Märchen erzählst du als Opa deinen Enkelkindern? Welche Geschichte ist nach deiner Einschätzung besonders bedeutsam?

Es gibt unterschiedliche Lebenssituationen, auf die bestimmte Märchen Antwort zu geben vermögen. Am Ende des ersten Schuljahres wurde ich in die Klasse meiner Enkelin Emma eingeladen, um dort in der Weise unserer Pädagogik eine Geschichte zu erzählen.
Die Lehrerin, eine hervorragende Pädagogin, nimmt sich immer wieder Zeit, den Kindern neben der Vermittlung von Kulturtechniken und Sachwissen Lebenswissen zu erschließen. Sie versucht, die Kinder in deren eigene Welt eintauchen und sich selbst erfahren zu lassen. Im Gespräch mit Emma habe ich herausgehört, dass es in ihrer Klasse einige Jungen gibt, die sehr aggressiv, sehr wild,

sehr rücksichtslos sind, viele gute Ansätze immer wieder zunichtemachen, die Atmosphäre in der Klasse stören. Ich überlegte mir, welches Märchen in diese Situation passt und kam auf die Idee, das Grimmsche Märchen von der Bienenkönigin zu erzählen.

In diesem Märchen gibt es zwei Jungen, die sehr stark, kräftig, wild und aggressiv sind, und einen, der mehr sanft und duldsam ist, fein, Mitgefühl hat, mitleidsfähig ist. Die stolzen Brüder ziehen in die Welt, führen ein wildes Leben. Der Dummling, in Sorge um sie, sucht sie, hält sie ab, einen Ameisenhaufen zu zerstören, Enten zu schießen, einen Bienenstock anzuzünden. In einem Schloss angekommen, wo Pflanze, Tier, Mensch versteinert sind, werden den drei Brüdern Aufgaben gestellt, mit deren Erfüllung die Versteinerung aufgehoben werden kann. Die beiden Älteren sind nicht in der Lage, die Aufgaben zu lösen. Der Dummling vermag es mit Hilfe der Ameisen, Enten und Bienen, die er vor der Zerstörungswut seiner Brüder gerettet hatte. Es ist ein wunderschönes Märchen, das auch für unseren heutigen Umgang mit der Erde, mit der ganzen Schöpfung, weisungsgebend ist. Wie können wir die Welt und uns aus selbstbewirkten äußeren und inneren Versteinerungen befreien?

Das Märchen schien mir für die Klasse, mit dem Blick auf die aggressiven Jungen äußerst wichtig. Wir gestalteten als Bodenbild den Schauplatz des Märchens, das versteinerte Schloss, den Wald mit den Ameisen, einen Teich mit Enten und einen Baum mit einem Bienenstock. Dieser Prozess und die damit verbundene Erzählung schlugen uns eineinhalb Stunden in den Bann, die Kinder, wie auch mich selbst. Waren die Kinder am Anfang des Märchens noch ziemlich wild, so war zu seinem Ende große Stille eingekehrt. Die Kinder saßen vor ihren Königskronen, die sie am Ende des Märchens gestaltet hatten.

In der äußeren Ruhe wurde auch eine innere sichtbar, ein intuitives Innewerden von Welt und dem eigenen Leben. Ich fand es schön, als mir ein Junge sagte: „Wann kommst du wieder und erzählst du eine solche Geschichte?"

Auf was ist bei der Vermittlung einer derartigen Geschichte besonders zu achten?

Es bedarf des direkten Kontaktes, des Augenkontaktes. Gestrenge Märchenerzähler meinen, es müsste die Geschichte genau nach dem Wortlaut erzählt werden. Ich bin da nicht so streng, sondern denke, es kann da ruhig auch eine kleine Weitung passieren, die allerdings den Grundton nicht verändern soll, in der aber die eigene Lebenserfahrung mitschwingt und der auch im gewissen Sinne die eine oder andere leise Intention zu Grunde liegt, wie im geschilderten Fall.

Wir haben dich von Anfang an als Erzähler erlebt. Worin besteht die Kunst guten Erzählens?

Ein Merkmal dafür ist sicher, dass man von der Erzählung selbst ergriffen ist. Man muss in ihr eine große Weisheit wahrnehmen, die einem einleuchtet und die dann auch die Energie abgibt, dass man sie aus dem innersten Herzen heraus mitteilt. Man muss die Wahrheit einer Geschichte als eigene erkennen. Erzählen kann man übrigens lernen. Es sollte eine wichtige Disziplin bei der Ausbildung von Erzieherinnen und Lehrern sein.

Das Erzählen der Märchen scheint mir wichtig zu sein. Ein direktes Gegenüber zu den Kindern lässt einen die Regungen und Bedürfnisse der Kinder wahrnehmen, lässt auf sie eingehen. Das ist bei ihrer Vermittlung über den CD-Player etwas anders.

Eine persönliche Vermittlung ist sicher die emotional wohl bewegendste. Ich bin aber jetzt nicht einer, der sagen würde, es sollten keine CD´s und Videofilme entsprechender Art verwendet werden. Es kommt dabei allerdings auf ihre Qualität an. Es ist schon frappierend, wenn ich an den eigenen Enkelkindern beobachte, wie sie immer wieder dieselbe CD auflegen. Es muss da doch etwas sein, ein Problem, das sie vielleicht unbewusst bewegt und in dem die Geschichte ihnen hilft, eine Lösung zu finden.

Biblische Geschichten sind deiner Auffassung nach auch vielfach symbolhaft zu verstehen.

Ich kann das nur bekräftigen. Ich denke beispielsweise an die Geschichte von der Stillung des Seesturms, wie sie uns im Markusevangelium erzählt wird. Was bringt es uns, wenn Jesus einen tatsächlichen Sturm stillt und das Boot und die Jünger darin vor dem Untergang rettet? Ich denke da an die zweihunderttausend Tsunamitoten vor einigen Jahren. Sie schrien wohl alle: „Herr, rette uns, wir gehen zu Grunde!", und kamen doch zu Tode.

Sturm und Meer sind von alters her Bilder für die Bedrohung der eigenen Existenz und dies in leiblicher, wie seelischer Sicht. Wir sprechen davon, dass uns das Wasser bis zum Halse steht. Ich kann mir vorstellen, dass die ersten Christen, die wegen ihres Glaubens zum Tod verurteilt waren und darauf warteten, in der Arena von den wilden Tieren zerrissen zu werden, sich eine solche Geschichte erzählten. Sie erzählten sie sich nicht in der Erwartung, den Tod nicht erleiden zu müssen. Sie hofften viel mehr

BEI EINEM KURS IN PASSAU

darauf, mit Jesus in einem Boot, durch alle Todesmächte hindurch zu kommen, in ein ewiges Leben bei Gott.
Es ist nicht leicht, Kindern und auch Erwachsenen, die in einer starken Realitätsbezogenheit leben, die Symbolartigkeit und Symbolbedeutung solcher Geschichten zu vermitteln. Die Weise der bereits geschilderten Verleiblichung ist wohl ein wichtiger Schritt dazu.

Neben der Verleiblichung und Versprachlichung sprichst du in deiner Pädagogik noch von Verbildlichung.

Um eine Beziehung zu uns selbst und zu Gott zu bekommen, ist ein Symbolverständnis ein bedeutsamer Zugang. Symbolverständnis wecken wir im Dreiklang von Verbildlichung, Verleiblichung und Versprachlichung.
Ich erkläre es wiederum am besten an einem Beispiel. Es geht um die Sonne, ihr Licht und ihre Wärme. In einem ersten Schritt sehen wir die Sonne in ihrer Realität, in ihrer Funktion und Wirksamkeit. Da wir sie nicht selbst in unseren Raum holen können, gestalten wir sie in einem Bodenbild. Wir beobachten natürlich auch ihr Licht und den Schatten, den sie verursacht. Wir lassen uns ihre Strahlen auf den Rücken scheinen. Wir spielen leibhaft ihren Aufgang und Untergang, ihr Strahlen und Leuchten. Wir tragen alles zusammen, was wir von ihr wissen und wissen wollen. Dazu zählt auch ihre Verwendung als Energielieferant.
In einem weiteren Schritt öffnen wir unser Inneres für die Sonne, holen ihr Licht in der Vorstellung in uns hinein, schauen sie in uns und stellen dar, wie wir als Menschen selbst Ausstrahlung, Leuchtkraft haben. Indem wir in einem Partnerspiel, einer dem anderen, Sonne sind, dem Partner unsere Sonnenwärme zuwenden, sie ihm fühlbar werden lassen, werden wir über die Verleiblichung unserer eigenen Sonnenhaftigkeit als Möglichkeit inne.
In all diesen Vorgängen, die in dem genannten Dreiklang ablaufen, öffnen wir den Zugang zu einem Gottesbild in den biblischen Vorstellungen: Gott wohnt im Licht. Sein Gewand ist Licht. Er selbst ist Licht.

Bezüglich der Bildergestaltung habe ich noch eine Frage. Du unterscheidest in deiner Pädagogik zwischen einem großen, gemeinsamen Themenbild und individuellen Einzelbildern.

Das große Themenbild gestaltet sich im Verlauf der Entwicklung einer Thematik aus. Es beteiligen sich bei seiner Gestaltung möglichst alle Mitglieder der Gruppe. Nach Möglichkeit leistet dazu jedes Kind seinen Beitrag. Das Kind ist damit im wörtlichen wie übertragenen Sinne im Bilde. Bei der Entstehung eines Bildes werden viele Kompetenzen angesprochen. Die Funktion der Bildgestaltung ist, der Thematik zu begegnen und die gewonnenen Erkentnisse anschaulich werden zu lassen. In den individuellen Einzelbildern, die die Kinder am Ende einer Einheit gestalten, geben sie ihrem persönlichen Verständnis der Thematik, ihrem Angerührtsein durch sie Ausdruck.

Das individuelle Bildgestalten ist in unserer Pädagogik eine Weise des Reflektierens. Sie ist einem sprachlichen Austausch über die Thematik gleichwertig. Ein Kind, aufgefordert, sein Bild zu erklären, gab mir einmal zur Antwort: „Siehst du es denn nicht?" Die Möglichkeit, das eigene Bild vor der Gruppe zu deuten, bleibt jedoch bestehen und wird auch manchmal intendiert. Was keinesfalls fehlen sollte, ist eine Würdigung der Einzelbilder durch die Gruppenleiterin. Sie steht an Stelle einer Bewertung durch Noten.

WIR SIND DA

13.
Gründung eines Instituts und eines neuen Verlags

Franz Kett-Verlag GSEB

Du hast auf vielen Kursen Erzieherinnen dein Menschen- und Gottesbild und deine Pädagogik vorgestellt. Hast du dir auch Gedanken gemacht, wer dein Werk fortsetzt, wenn du keine Fortbildungen mehr hältst?

Es waren eigentlich meine Mitarbeiter, die den Plan fassten, eine Institution zu gründen, in der die Pädagogik weiter entwickelt und getragen wird. Im Jahr 2007 fanden sich 15 Leute im Bildungshaus Sonnenschein in Martinshaun bei Ergoldsbach ein, um den Plan in die Tat umzusetzen. Initiatorin war Margot Eder. Es kam zur Gründung des Instituts für ganzheitlich sinnorientierte Pädagogik – RPP (e.V.). Satzungen wurden erstellt, ein Vorstand wurde gebildet. Ihm gehörten neben Margot Eder als Vorsitzende Raimund Wolf, Hannerose Koch-Holzer, Hanni Neubauer, Christine Krammer und Monika Mehringer an. Ich erinnere mich noch gut, diese Gründung fiel in die Pfingstwoche.

Wir beendeten die Versammlung mit einem Lied, dessen Text lautet:

> Gemeinsam den Aufbruch wagen,
> miteinander Sehnsucht spür´n,
> die gute Nachricht weitertragen
> das Ziel nicht aus dem Blick verlier´n.

Die Gründung zu Pfingsten hatte sicher einen Symbolcharakter. Wir berühren damit die Spannung zwischen Freiheit und Institutionalisierung.

Die erste Mitgliederversammlung fand am 11. Januar 2008 in Freising statt. Mich bedrückte der Gedanke, inwieweit etwas, was fließend sein sollte, durch eine Festschreibung zum non plus ultra wird. Man fixiert sich dann auf den festen Platz, wo man sich befindet, verteidigt ihn mit allen Mitteln und vergisst, dass der Fluss weiterfließt und man eigentlich mitfließen sollte. Das ist eine Metapher für das, was eine Institution unter Umständen auslösen kann, wobei es auch wichtig ist, dass es ein festes Schiff gibt, auf dem man sich befindet. Die Behausung darf abgesichert sein, aber nicht die Fahrt.

ERSTER INSTITUTSVORSTAND

Ich verstehe deine Befürchtungen gut, inwieweit es möglich ist, einen Geist der Weite in Strukturen umzusetzen. Ich glaube, das ist auch das Problem der Kirche, wenn man ihre Geschichte betrachtet.

Ja, ich habe schon an die Kirche gedacht, aber ich wollte mich da ein bisschen zurückhalten. Aber es ist eigentlich mit jeder Idee so, ob es jetzt die Kirche ist oder irgendeine andere Institution. Da kommt eine Idee auf, die zündet, begeistert, entflammt, in Bewegung bringt. Man meint dann, man müsse das Feuer ein bisschen in den Griff bekommen, indem man es in einen Ofen versetzt. Dabei kann es sein, dass es darin erlöscht.

Da kommt mir natürlich die Frage, was du für wichtig findest, dass das Feuer auch in Zukunft immer brennt. Ich denke da an dein Lebenswerk. Was würdest du nicht erleben wollen?

Dass man etwas dogmatisiert und ständig in richtig und falsch einteilt. Man sollte, wie es heute in neueren philosophischen Strömungen geschieht, unterschiedliche Perspektiven wahrnehmen, statt sie gleich zu verurteilen. Man sollte sie in ein dialogisches Verhältnis bringen. Es eröffnet sich damit eine weitere, umfassendere, vielleicht auch vertiefende Sicht. Dass eine derartige Offenheit unsere Institutsarbeit bestimmt, wäre mir sehr wichtig.

Deine Sichtweise ist beachtlich, doch lässt sich dann überhaupt feststellen, was deiner Pädagogik gemäß ist und was nicht?

Ich denke schon, dass es in unserer Pädagogik auch immer Menschen gegeben hat, die davon irgendwann angetan waren, die darin einen Weg fanden, ihre Intentionen auf neue Weise zu vermitteln. Sie sind dann aber in der Form, in der sie Neues erfahren haben, stehen geblieben, haben sie zur alleinigen Wahrheit erklärt: „Es muss so sein und darf auf keinem Fall anders sein." Solch erstarrte Formen sind es, die dazu beitragen, dass unserer Pädagogik berechtigte Kritik zukommt. Hier gilt es auch innerhalb unseres Instituts sehr achtsam zu sein.

Du findest es doch trotz aller Vorbehalte für gut, dass es zur Institutsgründung gekommen ist?

Ich darf diese Frage aus ganzem Herzen bejahen. Wenn ich sehe, was die Mitglieder des Vorstands in ihrer Freizeit an Arbeitsmühen aufbringen, welche Ideen sie sich einfallen lassen, um diese dann in Beharrlichkeit umzusetzen, erfüllt mich das mit großer Hochachtung.

Was siehst du als das Besondere in der Institutsarbeit?

Ich finde besonders das Bemühen wichtig, mit Fachleuten in Pädagogik, Psychologie und Religionspädagogik in Kontakt zu kommen, um voneinander zu lernen. Ein weiteres Anliegen ist die Weiterbildung von Menschen, die mit unserer Pädagogik arbeiten und die Ausbildung von Multiplikatoren, die diese Pädagogik weitertragen. Mein Dank gilt besonders Herrn Prof. Dr. Reinhold Boschki, jetzt Lehrstuhlinhaber für Religionspädagogik an der Universität Tübingen. Er hat uns in der Erstellung eines Ausbildungskonzeptes durch seinen Rat sehr geholfen. Letztendlich kann man auf der Basis eines solchen Instituts auch Grenzen übergreifend kooperieren. So findet unsere Pädagogik nicht nur im deutschsprachigen Raum Interesse, sondern darüber hinaus in Tschechien, in Korea und neuerdings auch in Ungarn und in Rumänien. Dabei kommt es in erster Linie auf die Menschen an, die sich von einer Idee anstecken lassen und sie umzusetzen versuchen. Die Strukturen einer Institution unterstützen dabei. Besonderes Erlebnis ist immer unsere Jahrestagung. Sie hat den Charakter eines großen Familientreffens.

Die Institutsgründung steht auch in der Verbindung mit der Gründung eines neuen Verlags?

Die Zusammenarbeit mit dem von mir gegründeten RPA-

Verlag erwies sich zunehmend schwieriger. Ich sah meine Arbeit von Seiten der Geschäftsleitung nicht im gebührenden Maße gewürdigt. Von Seiten der Geschäftsleitung wurde die Leistung des Vertriebs höher bewertet als die Idee, die es zu vertreiben galt. Dass es dazu auch einer ständigen Vermittlung auf Kursen bedarf und ich diese Vermittlung vielerorts tagaus und tagein bis an die Grenzen meiner Möglichkeiten leistete, wurde nicht erkannt. Wie sollte es weiter gehen?
Ich war auch in einem Alter, in dem eine Übergabe fällig ist und war innerlich bereit, meine Aufgaben beim Verlag zurückzugeben, ja ganz und gar aufzuhören. Ich befürchtete zugleich, dass mit meinem Ausscheiden der neue Weg, den wir inzwischen mit „ganzheitlich sinnorientiert Erziehen und Bilden" betitelt haben, rückgängig gemacht wird. Die Institutsführung bot sich an, die Schriftleitung zu übernehmen, dem Verlag selbst wäre der Vertrieb geblieben. Das Angebot wurde jedoch abgelehnt.

REDAKTIONSRAT

Aber wie es so ist, wenn man nicht weiß, wie es weitergehen soll, kommt einem irgendwo plötzlich ein Rat zugeflogen, als Traum, als Erleuchtung, oder wie immer man es nennen will. In mir wurde der Gedanke wach, etwas Neues in der Weise von Jahrbüchern in die Wege zu leiten. Die Idee entstand nicht vor der Verabschiedung vom RPA-Verlag, sondern hinterher. Das muss ich immer wieder sagen, weil man mir sonst vorwerfen könnte, ich bin weggegangen, weil ich etwas anderes bereits im Kopf hatte. Dem war nicht so.
Raimund Wolf aus Innsbruck, den ich aufsuchte und um Rat bat, ermutigte mich zu dem neuen Weg. So kam es ab 2010 zur Gründung des Franz Kett-Verlags. Mein Sohn Stephan unterstützte mich dabei sehr und übernahm die Geschäftsführung. Ihm zur Seite steht mein Enkel Jonas, Sohn meiner Tochter Ulrike. Er besucht derzeit noch die letzte Klasse einer Fachoberschule. Die jährlich erscheinenden Bücher decken die Themen eines ganzen Jahres ab. Eine Vielzahl inzwischen ausgebildeter Multiplikatoren stellen darin ihr Können und ihre Anregungen dar.

JAHRBÜCHER – GANZHEITLICH-SINNORIENTIERT ERZIEHEN UND BILDEN

Ab 2014 habe ich auch die Redaktionsleitung dieses Werkes abgegeben. Das Institut gibt über einen Redaktionsrat, den Eva Fiedler leitet, die Bücher heraus, mein Verlag vertreibt sie.

Da warst du auch mutig.

Wir haben in unserem Institut sehr fähige Leute. Mein großer Wunsch ist, dass in den Veröffentlichungen das philosophisch allgemein Gültige, anthropologisch auch Bedeutsame, dieses „Ich bin da", unser Menschenbild, unsere eigentliche Grundphilosophie also, nicht zu kurz kommen, dass sie in der religiösen Dimension offen bleiben.

TRAINERKURS IN FREISING NOVEMBER 2015

In Aktion

14.
Kurse, Kurse, Kurse...

Du bist bald die Hälfte eines Jahres auf Kursen unterwegs. Was sagt deine Frau dazu?

Ich muss zunächst einmal sagen, dass ich von meiner Idee, meine Pädagogik zu verbreiten, irgendwie besessen bin. Das löst viel Energie aus. Die Begegnung mit unterschiedlichen Menschen erfüllt mich mit großer Freude. Meine Klientel ist von besonderer Art. Menschen, die beruflich mit Kindern zu tun haben, sind meist offen, zeigen Herz und Gefühl. So erfüllt mich meine Arbeit mit großer Genugtuung und Zufriedenheit. Ich glaube, ich darf etwas sehr Sinnvolles tun. Meine Frau ließ und lässt mich in Großzügigkeit gehen und kommen. Sie weiß, das gehört zu mir. Das Heimkommen, besonders nach mehrtägiger Abwesenheit, ist dann immer spannend. „Was hat sich zu Hause getan? Wie geht es dir, den Kindern?", ist meine Frage. „Wie war der Kurs? Ist es dir dabei gut ergangen?", lautet ihre. Ein Blumenstrauß auf dem Schreibtisch, das für den Schlaf sorgsam gerichtete Bett sind für mich bedeutsame Zeichen von Achtsamkeit und Fürsorglichkeit, für ein gutes Miteinander. Jetzt, da wir beide älter geworden sind und die Kinder sich auch verselbständigt haben, fällt uns mein Außer-Haus-sein nicht mehr so leicht. Meine Frau ist dann vielfach allein und bräuchte einen Ansprechpartner. Mir selbst fällt mein Vagabundenleben auch immer schwerer. Worin hast du dich da wieder eingelassen, ist die Frage an mich selbst. Manchmal gäbe ich das Geld, das ich in meiner Arbeit verdiene, doppelt zurück, wenn ich daheim bleiben könnte. Doch dann kommt wieder meine Besessenheit auf und ich bin hin und her gerissen. Die Zeit meines beruflichen Abschiednehmens rückt jedoch näher. Das Problem wird sich bald lösen.

Welche Gedanken und Gefühle verbindest du mit dem Beginn eines neuen Kurses?

Jeder Kurs ist eine Begegnung mit Menschen, denen Erziehung und Bildung ein Anliegen ist. Wenn ich den Raum betrete und den Blick in die Teilnehmerrunde werfe, stellt sich mir oft die Frage: Was mag sich hinter diesem und jenem Gesicht verbergen? Welche Lebensgeschichte trägt der einzelne Teilnehmer in sich? Was mag ihn bewegen, zum Kurs zu kommen? Werde ich den mitgebrachten Erwartungen gerecht? Dieses Wahrnehmen und Bedenken setzt sich im Laufe des Kurses fort. Stehe ich noch im Dialog oder ist es ein Monolog geworden? Vermag ich ein wenig in den Gesichtern die Gedanken zu lesen, die ich mit meinen Worten und Handlungen auslöse? Wird eine Abwehrhaltung sichtbar, ein Desinteresse? Verschließt sich mir ein Gegenüber? Wie ist das Dazwischen? Von solchen Eindrücken begleitet, arbeite ich mit den Teilnehmern. Singen und Tanzen lockern die Atmosphäre, helfen von Bedrückendem, was Teilnehmer mitbringen, Abstand zu gewinnen.

Aus welcher Intention heraus hältst du überhaupt Kurse?

Ich glaube, sie ist eine doppelte. Die eine ist, Wege aufzeigen, wie Kindern zu helfen ist, sich selbst zu entdecken, in ein gutes Dasein und Miteinander zu kommen, auch zu einem guten Umgang mit der Schöpfung. Ich möchte aber auch erreichen, dass den Teilnehmern bewusst wird, dass diese Themenstellung auch für ihr eigenes Leben Geltung hat. Auf Elternabenden verwende ich einen kleinen Trick. Ich mache die Eltern aufmerksam, dass ich mit ihnen spielen, singen, tanzen, Bilder legen möchte, ganz so, wie ich es auch mit ihren Kindern tue. Ich bitte sie, den Alltag zu vergessen und sich auf dieses Tun einzulassen. Ich führe damit die Eltern in die Spiel- und Erlebnisweise ihrer Kinder zurück. Es ist erstaunlich, wie dabei viele Eltern ihr eigenes inneres Kind wieder entdecken und ihr leibliches Kind mit neuen Augen sehen. Es bewahrheitet sich dabei der Satz Jesu: „Wenn ihr nicht werdet wie die Kinder, kommt ihr nicht in das Himmelreich." Im Spiel finden wir zu einem ursprünglichen Dasein, zur Lebendigkeit zurück. Die Bibel lässt die Weisheit vor dem Angesicht Gottes spielen. Ich bemühe mich, dass meine Kurse immer einen spielerischen Charakter haben.

Der Unterricht für die Schülerinnen der Fachakademie begann vielfach in gleicher Weise. Mit einem Tun, wie es die Kinder eben tun. Aus elementaren Handlungsweisen entwickelten sich Fragen, die die eigene Existenz betrafen und zu vielen tiefgründigen Gesprächen führten. Es konnten damit die lehrplanmäßig vorgeschriebenen Themen gut verbunden werden. Der Umgang mit dem inneren Kind öffnete Augen und Herz für wesentliches Leben.

ALS LEHRER AN DER FACHAKADEMIE

Du hast inzwischen viele Erfahrungen gewonnen, Kurse zu halten. Bedarf es dann noch bei dir einer Vorbereitung?

Ich bin inzwischen, Gott sein Dank, so weit gekommen, dass ich auf Grund meiner Erfahrung eine ganze Palette von Möglichkeiten im Kopf und im Herzen habe, wie ein Kurs zu gestalten ist. Es ist dabei schon sehr notwendig, Dinge, die in der Luft liegen, nicht zu übersehen. Auf einer Fortbildung, in der Wasser Hauptthema war, kamen Erzieherinnen, deren Kindergarten überflutet war. Ich konnte dann nicht nur vom Segen des Wassers sprechen. Wasser als zerstörerische Urmacht stand im Vordergrund und wurde auch Ausgangspunkt. In der Pädagogik spricht man vom situationsbezogenen Ansatz. Situation ist natürlich auch die Gruppe selbst und es gilt sich darauf einzulassen. Dies ist auch der Grund, warum ich keine Manuskripte im Vorhinein verfasse. Es wird ja doch alles immer wieder anders und die Teilnehmer erhalten dafür im Nachhinein Protokolle. Ihre Erstellung und ihr Versand sind mit viel Arbeit verbunden.

Wie unterscheiden sich deine Kurse in ihrer Zielsetzung?

Ich werde in Teams eingeladen. Die Erzieherinnen einer Einrichtung, die Gestalter von Kindergottesdiensten in einer Kirchengemeinde möchten eine offene oder aber auch themenbezogene Anregung für ihre Arbeit erhalten.
Ich lade selbst über Bildungswerke, Bildungshäuser ein. An Wochenenden, aber auch in Wochenkursen werden dann diverse Themen angeboten. Dabei kann der entsprechenden Jahreszeit und den dabei gefeierten Festen Rechnung getragen werden, beispielsweise „Den Frühling – das Osterfest gestalten", „Einem Stern folgen und das Kind in der Krippe finden". Andere Kurse beschäftigen sich, unabhängig von Jahreszeiten und ihren Festen, mit Lebensthemen wie: „Ich bin da, zusammen mit anderen, um eine Mitte, im Empfangen und Geben", „Die Kreuzgestalt des Menschen", usw.

Multiplikatorenkurse sind vor allem darauf ausgerichtet, Interessenten mit Theorie und Praxis unserer Pädagogik vertraut zu machen und sie zu einer Weitergabe zu befähigen. Ich erlebe dabei zunehmend, wie mir und auch den Teilnehmerinnen eine Zusammenarbeit mit einer Kollegin oder einem Kollegen gut tut. Die Teilnehmerinnen haben nicht nur mich vor Augen. Es wird ihnen bewusst, dass es auch andere Vermittler gibt und die Vermittlung von den einzelnen Referenten geprägt ist. Ich selbst kann der Arbeit meiner Mitarbeiterinnen entspannt zusehen und darf mich über ihr großes Können freuen. Für die Kolleginnen selbst ist es zunächst freilich nicht so einfach, unter meinen, wie sie sagen, wachsamen Augen, zu arbeiten.
Inzwischen wurde die Ausbildung von MultiplikatorInnen und weitergehend von TrainerInnen von unserem Institut übernommen. Auf der Homepage des Instituts finden sich entsprechende Angebote.

Sind dir besondere Reaktionen auf deine Kurse in Erinnerung?

Eine Reaktion, die mich selbst betrifft, ist vielfach eine große innere Zufriedenheit. Ich spüre ein Einssein mit mir selber, komme manchmal mit mehr Energie nach Hause, als ich gegeben hatte. Dies war und ist wohl auch die erste Motivation, die mich immer wieder antreibt, Fortbildungen zu halten. Viele Teilnehmer berichten Ähnliches. Auch sie sind bei sich angekommen, haben neue Ansichten gewonnen. Die Daseinsfreude, als Grundkompetenz des Lebenwollens, ist gestärkt, auch die oft vernachlässigte religiöse Dimension wieder neu erweckt. Die Teilnehmerinnen empfinden vor allem die Ganzheitlichkeit der Kurse, das Angesprochensein mit Herz, Hand und Verstand sehr positiv. Sie bezeichnen die Kurse nicht nur als Gewinn für ihre erzieherische Arbeit, sondern als Exerzitien für sich selbst. Die größte Anerkennung für mich ist es, wenn Erzieherinnen sagen: Ich habe wieder Freude an meinem Beruf gefunden.

LETZTE KORREKTUREN

15.
Alt werden und hoffen

Du blickst mit 82 Jahren auf ein langes Leben zurück. Was möchtest du dazu noch sagen?

Es ist ja bekannt geworden, dass ich gerne singe. Meinen Dank für eine lange und reiche Lebenszeit finde ich in einem Lied wieder:

> Nun danket alle Gott mit Herzen, Mund und Händen,
> der große Dinge tut an uns und allen Enden,
> der uns von Mutterleib und Kindesbeinen an
> unzählig viel zu gut bis hierher hat getan.

Ich habe sehr gerne gelebt und lebe noch sehr gerne. Ich zitiere das Ende des schönen Sonnengedichts von Ingeborg Bachmann: „Darum werde ich, unendlich, und wie um Nichts sonst, trauern um den unabänderlichen Verlust meiner Augen." Ja, das Wissen um ein Ende erfüllt auch mich in gewissem Sinne mit Trauer. Doch Loslassen gehört zum Leben. Ein Baum wächst, blüht, bringt Frucht. Er muss Früchte und Blätter fallen lassen. Ich habe mit Menschen oft darüber meditiert und möchte es auch selbst ernst nehmen.

In Gottesdiensten, im Gedenken an liebe Verstorbene habe ich manchmal rezitiert oder gesungen:

Blätter, wenn sie gelb geworden, fallen hin zur Erde.
Was ins Licht, ins Leben fällt, das wird nicht verderben.

Äste, wenn sie abgestorben, fallen hin zur Erde.
Was ins Licht, ins Leben fällt, das wird nicht verderben.

Blumen, wenn sie welk geworden, fallen hin zur Erde.
Was ins Licht, ins Leben fällt, das wird nicht verderben.

Menschen werden krank und alt und sie müssen sterben.
Was ins Licht, ins Leben fällt, das wird nicht verderben.

Alles was geworden ist, wird einmal vergehen.
Was in Gottes Liebe fällt, das wird neu erstehen.

Du sprichst von Lebenstoren. Ist auch der Tod ein Lebenstor?

Mit meiner Geburt trete ich durch das Geburtstor aus der Enge des Mutterleibes in eine Weite. Ich komme, wie es euphorisch heißt, ans Licht der Welt. Das Bild des Tores wiederholt sich in meinem Leben. Ich trete immer wieder in neue Lebensräume, Lebensabschnitte ein, in die Kindheit, die Jugendzeit, in das Erwachsenenalter und das Alter. Ich hoffe, dass auch der Tod so ein Durchgang sein wird, in eine Welt, die Licht bedeutet und unendlich weit ist. Ich kann mir vorstellen, dass es nach diesem Durchgang die Ewigkeit zu entdecken gilt.

Wie stellst du dir den Himmel vor?

Meine Himmelsvorstellung ist, dass man in diesem Zustand so glücklich ist, dass man niemandem mehr etwas neiden muss, weil er vielleicht mehr hätte; dass man nichts mehr begehrt, weil man alles hat; dass man eingegangen ist in eine große Liebe. Ich möchte dieses Letzte und Tiefste in Anlehnung an meinen Freund Elmar Gruber „die absolute und bedingungslose Liebe" nennen. Ich hoffe, dass ich in dieser Liebe für alle Zeit gut aufgehoben bin.

Und wenn du dem persönlichen Gott, an den du glaubst, begegnest, was meinst du, wird er dir sagen?

Er wird vielleicht fragen: „Hat dich das Leben gefreut?" Und dann werde ich antworten: „Ja." Und dann wird er, so hoffe ich, zu mir sagen: „Geh ein in die Freude deines Herrn."

Gut, dass wir Jesus haben, der uns so etwas erzählt hat.

Ja, sehr wohl.

Gehen wir jetzt zur Erde zurück. Zum Bild des Gärtners. Wenn du ein Gärtner wärest, an welchen Lebensfrüchten könntest du dich am meisten freuen?

Also, die Vorstellung eines Gärtners finde ich sehr schön. Ich habe mich immer wieder als Gärtner betätigt. Gärtnerei hat mich mein Vater schon konkret gelehrt. Ich hatte das Glück, immer einen Garten zu besitzen, bis auf den heutigen Tag. Ich hatte das Bedürfnis, mit blossen Händen die Erde zu lockern, in sie einzusäen, ohne Handschuhe, in direkter Berührung. Ich habe in diesem Tun unheimlich viel Entlastung erfahren und konnte vieles vergessen, was mich bekümmerte. Ich weiß mich sehr geerdet. Ich hatte Freude am Werden der Blumen und wenn in meinem Glashaus Früchte gewachsen sind. Jetzt tue ich mich zunehmend schwerer, im Garten so handgreiflich zu arbeiten und bin auf die Mitarbeit meiner Enkel Jonas, Lennart und Michael angewiesen. Ich sitze aber gerne auf meiner Terrasse und schaue in den Garten und freue mich, was da alles rundherum wächst und blüht.

Was ich auch gelernt habe ist, dass nicht jedes Unkraut ausgerissen werden muss, dass vieles nebeneinander Platz hat. Unkraut vermag auch schön zu blühen. Es gehört zur Gesamtkomposition eines Gartens dazu. Ohne es wäre ein

Garten sehr steril. Steriles Leben ist langweilig.

Die Vorstellung vom Gärtner ist eine Metapher auch für mein Leben als Lehrer. Ich habe gerne gesät, zum Blühen gebracht und mich gefreut, was aus Menschenkindern alles werden kann. Auch hier gilt, dass, obwohl man mit Planung sät, vieles dazwischen wächst, was einen zunächst stört und was am Schluss doch eine gute Mischung gibt, im Gesamtgarten des Lebens. So ungefähr würde ich es benennen.

Zu meinem 75. Geburtstag wurde mir ein Bilderbuch gewidmet, mit Bildern von Christine Mahler und einem sehr schönen Text von meiner Kollegin Margot Eder. „Vom Gärtner mit dem Zaubergarten" ist es betitelt. Ich kann mich darin sehr gut wiederfinden.

Du sprichst vom Garten und dir als Gärtner. Der Kindergarten war eines deiner Arbeitsfelder. Was wäre dein Traumkindergarten?

Mein Wunsch wäre, dass vieles, was in unserem Gespräch gesagt wurde, dort Wirklichkeit wird. Der Kindergarten sollte ein Ort sein, in dem Kinder ihr Lebenstalent in Neugierde entdecken, es auspacken und gestalten; wo sie lernen, dass Leben ein Empfangen und Geben ist; wo sie in ihrem Lebensmut und in ihrer Lebensfreude gestärkt und offen werden für eine Beziehung zu sich, zu den Menschen dieser Erde, zur Erde selbst, zu Gott.

Was magst du in deinem Leben gar nicht leiden?

Auf jeden Fall ist mir jede Art von Dogmatismus und Selbstgerechtigkeit zuwider, auch wenn man sich selbst und nicht eine Aufgabe in den Mittelpunkt stellt.

Die Hoffnung ist ein großer Wert. Sie macht uns zukunftsfähig. Kannst du dazu etwas sagen?

Ernst Bloch, ein marxistischer Philosoph, bezeichnet die Hoffnung als Überlebensprinzip. Meine Hoffnung ist es, dass meiner Sehnsucht nach Lebensfülle eine Erfüllung

entspricht, dass es gibt, wonach ich in meinem ganzen Leben bewusst und unbewusst gesucht habe, dass es das gelobte Land, in das schon Mose mit seinem Volk ziehen wollte, gibt.
Ich hoffe auch, dass wir Menschen angesichts all der Gefahren, die uns und die Erde heute bedrohen, in unserer Entwicklung einen Quantensprung machen, dass statt krassem Egoismus die Liebe zum Maßstab des Denkens, Fühlens und Handelns aller Menschen wird, dass theologisch gedacht, der Christus sich in der Welt ausgestaltet. Hoffnungsboten sind für mich mein Namenspatron Franziskus und unser jetziger Papst, der diesen Namen wohl auch als Programm für sein Wirken gewählt hat. Ich möchte auch Leonardo Boff nennen, der mit seiner ökologischen Sichtweise uns Menschen aufrütteln möchte. Daneben gibt es viele ganz einfache Menschen, die schlicht und ohne großer eigener Bedeutsamkeit im Prinzip des Hoffens leben, zum Hoffen anstiften.

Ich möchte jetzt noch dir als letzte Frage stellen, was das Wahre des Lebens ist?
Wahrheit ist, dass ich bin. Diese Wahrheit macht nicht Sinn, sondern ist Sinn. Es ist gut, dass ich bin.

Ich habe manches aus meinem Leben erzählt, aber nicht alles.
Ich bin und bleibe mir selbst ein Rätsel.

Franz Kett

Mit seiner jüngsten Enkeltochter Emma

Lebenslauf

1933	Geboren in München
1952	Abitur am Domgymnasium in Freising
1952–1957	Studium der Philosophie und Theologie in Freising und München
1958–1961	Pädagogikstudium in München
1964	Hochzeit mit Gertraud Kett, geb. Weidner
1961–1972	Schuldienst an unterschiedlichen Schultypen wie Gehörlosenschule, einteiliger Landschule und Hauptschule
1972–1975	Leiter des Referates Kindertagesstätten im Caritasverband München, zugleich Dozent für Religionspägagogik an der Fachakademie für Sozialpädagogik des Caritasverbandes München
1972–1978	Leiter des Fachbereiches Elementarpädagogik im Schulreferat der Erzdiözese München Freising
1976	Erste Veröffentlichung Skripten unter dem Namen „Religionspädagogische Praxis"
1978	Gründung des RPA-Verlags in Landshut, Herausgabe der Religionspädagogischen Praxis als Vierteljahreszeitschrift
1998	Pensionierung, vermehrte Tätigkeit als Kursleiter im Sinne eines ganzheitlich sinnorientierten Erziehens und Bildens
2010	Gründung des Eigenverlags Franz Kett – Verlag GSEB

Inhalt

5	Vorwort
9	Ich bin da
29	Schauen und Staunen
39	Schritte in das reale Leben
47	Auf dem Weg zum Lehrer
53	Der Elementarbereich als neues Bestätigungsfeld
61	Die Zeit mit Schwester Esther Kaufmann
71	Weggefährten durchs Leben
81	Singend und gestaltend unterwegs
93	Vom Menschen reden
107	Von Gott reden
115	Darstellung Jesu im Tempel (Bilddokumentation)
127	Das Leben verstehen lernen
137	Gründung eines Instituts und eines neuen Verlags
145	Kurse, Kurse, Kurse…
151	Alt werden und hoffen
157	Lebenslauf